Diesterwegs
Neusprachliche
Bibliothek

Mikaël Ollivier

L' Alibi

Diesterweg
westermann

Annotationen und Anhang erarbeitet von Nathalie Judic, Karlsruhe
und Mechthild Piel, Königswinter
Aufgabenstellungen erarbeitet von Katrin Feist, Leipzig und Dr. Antje Willma, Leipzig

westermann GRUPPE

Druck A[4] / Jahr 2021
Alle Drucke der Serie A sind im Unterricht parallel verwendbar.

Redaktion: Nathalie Judic, Karlsruhe und Mechthild Piel, Königswinter
Umschlagkonzeption: Blum Design und Kommunikation GmbH, Hamburg
Herstellung und Umschlagrealisation: Harald Thumser, Frankfurt am Main
Umschlagfoto: © Bernd Kasper/pixelio.de
Satz: ism Satz- und Reprostudio GmbH, München
Druck und Bindung: Westermann Druck Zwickau GmbH, Crimmitschauer Straße 43, 08058 Zwickau

ISBN 978-3-425-**04926**-7

Liste des abréviations

abr	abréviation
arg	argot
adj	adjectif
adv	adverbe
contr	contraire
fam	familier
fig	sens figuré
interj	interjection
inv	invariable
litt	littéraire
loc	locution
p.ex.	par exemple
péj	péjoratif
pop	populaire
v.	voir

Table des matières

Vorwort

Diese Ausgabe enthält den vollständigen Text des Jugendromans *«L'Alibi»* von Mikaël Ollivier. Zum besseren Verständnis finden sich Erläuterungen der unbekannten Vokabeln jeweils unten auf der Seite. Außerdem gibt es Grammatikerläuterungen (*le participe présent et le gérondif*) sowie Vokabellisten mit Lernvokabular zu jedem Kapitel im Anhang. Diese Vokabeln werden für die Lösung der Aufgaben zum Verständnis und zur Analyse des Textes benötigt. Die Aufgaben finden sich im Teil *«Au-delà de la lecture»*.
Im Lehrerband[1] werden ausführliche Vorschläge zur Umsetzung im Unterricht gegeben, auch für Kurse mit Französisch als spät beginnende Fremdsprache.

Neben den Aufgaben zum Text bietet der Band Grammatikaufgaben, die zur Wiederholung verschiedener Grammatikthemen eingesetzt werden können. Sie stehen in engem Bezug zum Text (z.B. Passiv in Nachrichtenmeldungen) oder zu Abituranforderungen (z.B. Verwendung des Präsens bei der Abfassung eines Resümees). Die Lösungen dieser Aufgaben sind zur Selbstkontrolle hinten im Band abgedruckt.

Im Methodenteil werden neben den Erläuterungen zum Vorgehen zahlreiche Redemittel für die Lösung abiturrelevanter Aufgabenstellungen gegeben.

---

[1] Guide pédagogique zu Mikaël Ollivier, L'Alibi, Diesterweg 2015, ISBN: 978-3-425-09900-2.

ALIBI
n. m. (mot latin: *ailleurs*)
Moyen de défense par lequel un suspect, un accusé prouve sa présence, au moment d'un crime, d'un délit, en un autre lieu que celui où ils ont été commis.

Le Petit Larousse

Prologue

On m'a menti durant quinze ans. La politesse, la grammaire, le piano, les maths, l'anglais, l'espagnol seconde langue, l'histoire, la physique, l'éducation civique, le catéchisme et le bac tout au bout pour se préparer un avenir… Foutaises!

La seule chose qu'on devrait nous enseigner à l'école, c'est que la vie peut basculer en un clin d'œil. Dans mon cas, ça n'a pas pris plus de trois jours.

[4] **Foutaises!** *interj* Was für ein Quatsch! [6] **basculer** kippen **en un clin d'œil** *loc* en un moment

1

Cet après-midi-là, je suis rentré plus tôt parce que mon entraîneur de rugby était malade. J'étais libre après la cantine, mais j'avais un peu traîné avec les copains avant de reprendre mon vélo. Externe au lycée Fénelon de La Rochelle, j'habitais avec mes parents une grande maison avec jardin à la Pallice, le port marchand de la ville. Vingt-cinq minutes en pédalant dur. Trente-cinq si je passais par le front de mer. À 16 h 30, j'arrivai donc dans ma chambre pour réviser un contrôle d'anglais. J'étais du genre bosseur: en seconde avec un an d'avance et 15 de moyenne générale. Il faut dire aussi que j'étais ambitieux. Je voulais devenir architecte, ici à La Rochelle, et vivre à la campagne avec des chiens et des chevaux, dans une grande maison forte avec des terres, comme la Massonne, un peu après Rochefort, où habitent les parents d'Ambre, une ancienne copine de classe.

Ma mère était partie pour une semaine à Albi parce que mamie avait eu un malaise. Du coup, comme mon père et moi sommes nuls en cuisine, on allait tous les soirs au resto. La veille, on s'était offert un couscous chez Brahim, notre ami qui tient «Le Chenal», derrière la médiathèque. Une soirée vraiment sympa. La dernière.

À 16 h 35, j'ai entendu approcher un moteur qui, au bruit, ressemblait à celui de la voiture de mon père. Impossible à cette heure. Je me suis donc replongé dans Shakespeare quand la grille du jardin a grincé. J'ai fait rouler le fauteuil de mon bureau jusqu'à la fenêtre. C'était bien sa BM grise qui avançait dans l'allée de graviers.

J'ai dévalé les marches et j'ai trouvé mon père en train d'ouvrir la porte du garage. Les roues et le bas de caisse de la voiture étaient couverts de boue.

– Salut p'pa! Comment ça se fait que t'es déjà là?

[3] **l'externe** *m ici:* qui n'est pas en internat [5] **le port marchand** Handelshafen [6] **le front de mer** Strandpromenade [8] **bosseur** *adj fam* qui travaille beaucoup [11] **la maison forte** Landgut, Haus mit starken Mauern [12] **les terres** *f ici:* Ländereien [15] **avoir un malaise** plötzliche körperliche Schwäche **du coup** *fam* c'est pourquoi [16] **la veille** Vortag [21] **se replonger** *ici:* sich wieder vertiefen **grincer** quietschen [23] **la BM** *abr* BMW **l'allée** *f* **de graviers** Kiesweg [24] **dévaler** descendre rapidement [25] **le bas de caisse** *fam* dessous de la carrosserie [26] **la boue** Schlamm, Matsch

Il s'est retourné brusquement et m'a répondu:
– Et toi? Tu devrais pas être au lycée?
– Pas d'rugby. T'as fait du tout-terrain, ou quoi?
Il a hésité un instant avant de répondre:
– J'avais un rendez-vous avec un client à la campagne. Et avec la flotte qui est tombée la nuit dernière, je me suis embourbé.
J'ai regardé ses chaussures crottées et j'ai vu du sang sur son pantalon.
– Tu t'es blessé?
– Rien de grave. Juste une égratignure.
Il est parti ouvrir la porte du garage, et même s'il essayait de le cacher, j'ai trouvé qu'il boitait fort.
Je me suis alors penché en découvrant un gros choc sur l'aile avant gauche de la voiture. Je savais qu'il n'y était pas deux jours plus tôt puisque j'avais lavé la BM le weekend précédent, en rentrant de notre virée sur l'île de Ré où, tout près de la plage de Rivedoux, nous avions une petite cabane dans laquelle nous entreposions cannes à pêche et planches à voile.
La voix sèche de mon père m'a fait sursauter:
– T'as pas de devoirs à faire?
– Si si! J'y vais! j'ai répondu en m'étonnant de cette brusquerie inhabituelle.
Ce soir-là, on s'est contenté d'une pizza surgelée. Mon père était tendu, nerveux, et il n'a pas dit plus de trois mots de la soirée. Sauf au téléphone, à voix basse, avec maman d'abord, puis avec deux collègues de boulot.
Après notre dîner express, je l'ai entendu qui lavait la voiture. Ça ne lui ressemblait pas, mais après tout, il avait peut-être eu une mauvaise journée au travail et il avait bien le droit d'être bizarre et de mauvaise humeur!

[3]**faire du tout-terrain** querfeldein fahren [6]**la flotte** *fam* pluie **s'embourber** im Schlamm stecken bleiben [7]**crotté,e** *litt* sale, couvert de boue [10]**l'égratignure** *f* Kratzer [12]**boiter** hinken [13]**se pencher** sich bücken **l'aile** *f ici:* Kotflügel [15]**précédent,e** vorige,r,s [16]**la virée** *fam* Spritztour [17]**la cabane** Hütte, Schuppen **entreposer** mettre **la canne à pêche** Angelrute [19]**sec,sèche** *ici:* schroff **sursauter** zusammenzucken [21]**la brusquerie** Barschheit, Schroffheit [24]**tendu** stressé [25]**à voix basse** leise

Moi, j'ai regardé distraitement les infos. Rien ne s'était passé dans le monde de plus que les autres jours, sauf une fusillade dans une ville dont je n'ai pas entendu le nom. Trois personnes avaient été tuées: un policier, une passante et l'un des malfrats.

J'ai coupé la télé et suis monté exterminer quelques poignées d'aliens sur mon PC.

Si j'avais su, j'aurais mieux employé ces dernières heures de vie normale. J'étais encore un adolescent comme les autres, heureux sans même m'en rendre compte dans une existence paisible avec des parents ordinaires.

Plus pour longtemps.

[2] **la fusillade** Schießerei [4] **le malfrat** *pop* bandit [5] **exterminer** tuer **la poignée** *ici:* Handvoll [9] **paisible** calme

2

J'ai mal dormi, cette nuit-là, entendant dans mon sommeil des moteurs de voiture, des portières qui claquent, des sonneries de téléphone, des voix, une dispute.

Au réveil, je n'étais pas certain d'avoir rêvé tout ça.

Il était 6 h 42 et ma mère était dans la cuisine alors qu'elle aurait dû être encore à Albi.

Quand je suis entré, les regards de mes parents m'ont saisi. Ils étaient durs, sombres, presque agressifs. Ils se sont très vite repris et maman s'est avancée vers moi pour me déposer un baiser sur le front.

– Qu'est-ce que tu fais là? j'ai demandé.

– Tu n'es pas content de me voir?

J'ai haussé les épaules avant d'embrasser mon père et de sortir la brique de lait du frigo.

Ils n'ont plus dit un mot de tout le temps qu'il m'a fallu pour avaler mes céréales. La radio était allumée sur France Inter mais ma mère l'a brusquement éteinte quand ont débuté les infos de 7 heures.

– J'ai rêvé ou il y a eu du bruit, cette nuit? j'ai alors lancé, plus pour rompre le silence qui devenait embarrassant que par réel intérêt pour la question.

– C'est sans doute moi en rentrant, m'a dit maman. Désolée de t'avoir réveillé.

– C'est rien. Mais j'avais cru entendre d'autres voix. Au fait: comment va mamie?

– En pleine forme. C'était une fausse alerte, tu la connais! C'est pour ça que je suis rentrée… avant de m'énerver pour de bon.

J'ai levé les yeux au ciel pour confirmer que je connaissais par cœur les prétendus malaises de ma grand-mère. À sans arrêt se plaindre pour des riens, elle m'a toujours fait penser à cette histoire qu'on raconte

2 **la portière** porte de voiture 7 **saisir** *ici:* surprendre 12 **hausser les épaules** mit den Schultern zucken 13 **la brique** *ici:* Getränkekarton 15 **France Inter** nom d'une radio nationale 16 **débuter** commencer 18 **embarrassant** gênant 24 **la fausse alerte** falscher Alarm 25 **pour de bon** *loc* sérieusement, véritablement 27 **prétendu,e** angeblich

aux enfants dans laquelle un jeune berger crie au loup parce qu'il s'ennuie et dont les moutons ou les chèvres, je ne m'en souviens plus, se font finalement exterminer sans que personne ne vienne à son secours parce que tout le monde croit à un nouveau mensonge.

– Mais pourquoi t'as roulé de nuit? j'ai demandé à maman qui a fait celle qui n'entendait pas en partant prendre sa douche.

Papa, lui, restait silencieux, le regard dans le vide. Il a sursauté quand son portable a sonné et, en boitillant, est sorti pour répondre. Entre deux fracas des céréales croquantes que je m'étais resservies, mes oreilles ont capté quelques morceaux de phrases: «C'est rien, un toubib est passé cette nuit… Juste une égratignure, j'ai eu beaucoup de chance, quelques millimètres plus à gauche et… Je m'occupe de la bagnole, t'en fais pas… En lieu sûr… T'en fais pas, j'ai dit… Je contrôle la situation, Marc… Tu fais chier, Marc!»

Papa devait avoir des ennuis au travail. Comme il n'en parlait jamais, le sujet ne me passionnait pas et je suis monté me préparer.

Quelques heures plus tard, dans la cour du lycée, tout le monde ne discutait que de la fusillade des infos télévisées. C'est ainsi que j'ai appris qu'elle s'était déroulée à seulement quelques kilomètres de La Rochelle, à Marans, une petite ville que je connais bien.

– Le journaliste a dit une Mercedes! a précisé Damien.

– Non, une BMW, a corrigé Nico.

– En tout cas c'était une bagnole allemande gris métallisé, a enchaîné Patricia. Personne n'a eu le temps de relever le numéro de sa plaque et c'est en prenant la fuite qu'elle s'est mangé la vioque!

– Morte sur le coup! Paw! a renchéri Damien. Et le flic, lui, il s'est pris une bastos en pleine poitrine.

– Avant, il avait quand même abattu l'un des types.

[1] **le berger** Hirt **crier au loup** *loc* avertir d'un danger parfois sans importance [8] **boitiller** leicht humpeln [9] **le fracas** bruit **croquant,e** knusprig [10] **capter** *ici:* aufschnappen [11] **le toubib** *fam* médecin [13] **la bagnole** *fam* voiture **t'en fais pas** *fam* Mach dir keine Sorgen! [14] **faire chier** *fam* énerver qn à l'extrême [15] **l'ennui** *m* difficulté, problème [23] **enchaîner** continuer [24] **relever** noter **la plaque** Kennzeichen [25] **prendre la fuite** die Flucht ergreifen **se manger qn** *fam ici:* an-, überfahren **la vioque** *arg* vieille [26] **sur le coup** *loc* tout de suite **renchérir** übertrumpfen [27] **la bastos** *arg* balle de fusil, de revolver [28] **abattre** tuer

– Et son collègue a blessé celui qui s'est enfui. Il l'a touché à la jambe gauche.

– Droite.

– Non, non: gauche. Ils l'ont dit à la radio.

– Sur le Net, c'est la droite.

– Paraît que c'est des mecs de la région, a dit Patricia. Des trafiquants de drogue qui avaient une planque à Marans. Les flics étaient sur le coup depuis des semaines, mais là, ils se sont fait repérer …

Toutes ces informations ont tourné dans ma tête pendant mes heures de cours ensuite, en tâche de fond, comme on dit en techno. Je n'y pensais pas vraiment, mais c'était là, quelque part derrière la voix des profs, les notes griffonnées sur mes cahiers, les paragraphes lus dans les livres…

À 5 heures, Patricia a voulu aller prendre un pot, mais j'ai refusé. Je savais de moins en moins comment me comporter avec elle depuis qu'elle m'avait avoué son amour. Des fois, c'est compliqué la vie: Damien est fou de Patricia mais elle ne veut pas de lui parce qu'elle est amoureuse de moi qui suis raide dingue de Samira qui veut sortir avec un type de terminale. Résultat: tout le monde est seul! C'était beaucoup plus simple en primaire, quand les garçons étaient censés détester les filles et vice versa.

Une demi-heure plus tard, quand je suis arrivé à la Pallice, la maison était vide. Curieusement, je ne me suis pas contenté d'appeler pour savoir s'il y avait quelqu'un mais j'ai fait le tour des pièces. J'étais nerveux, sans vraiment savoir pourquoi. J'ai allumé la radio pour écouter les infos et j'ai appris deux choses: c'était à la jambe gauche que le bandit qui était parvenu à prendre la fuite à Marans avait été blessé, et la police quadrillait la Charente-Maritime à la recherche d'une

[1] **s'enfuir** prendre la fuite [6] **le mec** *fam* homme [7] **le trafiquant** Dealer **la planque** *pop* cachette [8] **repérer** localiser [10] **la tâche de fond** *inf* «background task», Computerprogramm, das im Hintergrund läuft **la techno** *abr* cours de technologie [12] **griffonner** écrire rapidement [14] **prendre un pot** *loc fam* boire un verre dans un café [18] **être raide dingue** *fam* être complètement amoureux [20] **être censé faire qc** (eigentlich) etw tun sollen [21] **vice versa** *loc adv* und umgekehrt [23] **se contenter de qc** sich mit etw begnügen [27] **parvenir à faire qc** réussir à faire qc [28] **quadriller** procéder à une opération policière

BMW 520 D gris métallisé dont l'aile avant gauche devait être accidentée.

J'ai éteint le poste et suis resté immobile pendant un long moment. Sans même m'en rendre compte, une première association d'idées a fait germer en moi l'embryon d'un doute. Trois fois rien, plus un jeu de l'esprit, mais en entendant les détails sur la voiture du fuyard de Marans, je me suis mis à penser à papa.

Des BM grises, même des série 5, il devait y en avoir des dizaines, ne serait-ce qu'à La Rochelle, et pourtant, en me répétant que j'étais un idiot, comme je le faisais enfant, la nuit, quand j'étais persuadé qu'il y avait un monstre sous mon lit, je suis monté dans la salle de bains. C'est ça les idées: même les plus absurdes, une fois qu'on les a dans la tête, elles sont impossibles à chasser. Et il y en a certaines qu'il vaudrait mieux ne jamais avoir…

Je n'ai pas trouvé ce que je cherchais dans le panier à linge sale, ni ensuite dans la chambre de mes parents. Dans la buanderie, à l'entresol, la machine à laver était vide, ainsi que le sèche-linge et le fil dans le jardin. Aucune trace du pantalon que portait papa la veille et sur lequel j'avais vu du sang.

Je me suis arrêté pour réfléchir et j'ai fini par me dire qu'il devait être déchiré et que mon père l'avait jeté. Affaire classée.

Pourtant, au lieu de remonter vers le salon, je me suis dirigé vers la porte qui menait de la buanderie au garage. J'ai hésité avant de l'ouvrir, comme si je redoutais ce que j'allais y trouver. Enfin, j'ai poussé la porte.

La BMW était là, ce qui n'était pas inhabituel car quand il faisait beau, mon père allait au travail avec la Twingo de maman qui, tenant une boutique d'antiquités en centre-ville, préférait prendre son vélo. Je n'en suis pas moins resté bouche bée à l'entrée du garage, car de gris métallisé, la voiture était devenue noire.

[3] **le poste** radio [5] **germer** aufkeimen **l'embryon** *m ici:* Keim, Ansatz [6] **le jeu de l'esprit** Gedankenspiel **le fuyard** personne qui s'est enfuie [7] **se mettre à** commencer à [16] **la buanderie** Waschküche [17] **l'entresol** *m* Hochparterre **le sèche-linge** Wäschetrockner [18] **le fil** Wäscheleine [21] **déchirer** zerreißen **(C'est une) affaire classée.** *fam* Vergessen wir die Sache. [24] **redouter** fürchten [26] **inhabituel** ungewöhnlich [29] **rester bouche bée** jdm bleibt der Mund vor Staunen offen stehen

Le cœur battant trop vite, j'en ai fait prudemment le tour, comme si la BM risquait de me mordre, et je me suis penché sur l'aile avant gauche. Je n'y ai rien trouvé. Plus trace du choc aperçu la veille. Pourtant persuadé que je n'avais pas rêvé, j'ai passé doucement la main sur la carrosserie et j'ai fini par sentir sous mes doigts l'endroit où on avait redressé la tôle.

Je commençais à peine à mettre de l'ordre dans les questions qui se bousculaient dans ma tête que j'ai entendu un grincement derrière moi.

[1] **prudemment** *adv de prudent* vorsichtig [2] **risquer de faire qc** *ici:* pouvoir [3] **aperçu** *du verbe apercevoir* remarquer [6] **redresser la tôle** Blech ausbeulen [8] **se bousculer** *ici:* durch den Kopf schwirren **le grincement** *v.* grincer

3

– Tu cherches quelque chose?

J'ai tellement eu peur que j'ai mis plusieurs secondes avant de reconnaître la voix de mon père. Elle était étrange, presque étrangère, sourde, quasi menaçante.

J'ai cherché fébrilement dans ma tête une excuse avant de me dire que je ne faisais rien de mal et que je n'avais aucune raison de justifier ma présence dans le garage.

– Non, non, j'admirais la nouvelle couleur de la voiture! j'ai finalement répondu d'une voix volontairement provocante.

Mon père a regardé ma main qui était encore posée sur la carrosserie et que j'ai brusquement retirée comme si je m'étais brûlé.

– T'es pas au boulot? j'ai ajouté pour me donner une contenance.

– Apparemment pas, a répliqué sèchement mon père.

Je ne comprenais rien à la scène que nous étions en train de jouer. Papa se comportait bizarrement, et moi aussi. Quelque chose s'était passé, s'était glissé entre nous depuis la veille et je n'en saisissais que les conséquences, pas la cause.

– Et ta jambe, ça va mieux?

– C'est un interrogatoire?

Cette fois, je n'avais pas rêvé: il était franchement agressif. Je l'ai fusillé du regard et je suis parti sans un mot.

Une fois dans ma chambre, je me suis allongé sur mon lit, entre la colère et la tristesse. C'était la première fois que papa me parlait durement sans raison, sans que je l'aie provoqué ou qu'une bêtise de ma part ne justifie une engueulade.

Mes parents étaient du genre facile, ouverts, affectueux mais pas collants. Bon nombre de mes copains auraient été ravis de les échanger

[4] **sourd,e** *ici:* gedämpft, kaum hörbar **quasi** presque **menaçant,e** *v.* menacer [5] **fébrilement** nerveusement [9] **volontairement** absichtlich [11] **retirer** enlever [12] **la contenance** Haltung [13] **apparemment** offensichtlich **répliquer** répondre [16] **se glisser** sich einschleichen **saisir** comprendre [20] **franchement** vraiment [21] **fusiller qn du regard** regarder qn méchamment [25] **l'engueulade** *f fam* dispute [26] **affectueux,se** plein d'amour [27] **collant,e** *fam* aufdringlich, anhänglich **ravi,e** content

avec les leurs, à commencer par Patricia, flanquée d'un père aussi marrant qu'un cornichon sans vinaigre et d'une mère assortie.

Je m'étais toujours parfaitement entendu avec papa, et on faisait plein de trucs ensemble. On pêchait, on nageait, on allait au phare des Baleines en vélo le dimanche... Souvent, il m'accompagnait quand j'avais des matchs de rugby avec l'équipe du lycée, même à l'autre bout du département, et il était le plus fervent de nos supporters. Alors qu'est-ce qui nous prenait de nous chamailler? De nous toiser du regard? Et moi, qu'est-ce que j'avais à tourner dans ma tête des idées aberrantes, à me demander pourquoi le pantalon taché de sang avait disparu, pourquoi la voiture avait été repeinte et réparée aussi vite, sans même l'intervention de l'assureur? Pourquoi mon père n'allait plus à son travail depuis deux jours?

J'ai soudain retenu ma respiration en entendant des pas monter l'escalier. Mon rythme cardiaque a piqué un sprint quand on a frappé à la porte de ma chambre. Et puis quoi, encore? Depuis quand j'avais peur de mon propre père?

En me traitant mentalement d'abruti cosmique, je lui ai dit d'entrer.

Il s'est avancé dans la pièce, visiblement embarrassé, puis il a dit:

– Je voulais m'excuser, Nico.... Pardon pour tout à l'heure.

Il était déjà pardonné, et j'étais sur le point de présenter à mon tour des excuses quand il a continué:

– C'est le boulot. Ça marche pas fort en ce moment, et l'un de mes associés me cherche des poux dans la tête. Alors je suis à cran, mais c'est rien de grave...

– Pas d'problème, j'ai répondu.

Je n'ai rien trouvé de plus pertinent à dire et nous sommes restés l'un en face de l'autre tels deux imbéciles. Puis il s'est dirigé vers la porte.

Avant de sortir, il s'est retourné et m'a lancé:

– Je t'aime, Nico.

[1] **flanqué,e** qui a [2] **marrant,e** *fam* drôle, amusant **assorti,e** qui va avec [7] **fervent** enthousiaste **le supporter** fan [8] **se chamailler** *fam* se disputer pour des riens **se toiser du regard** se regarder avec mépris [9] **aberrant,e** widersinnig [15] **le rythme cardiaque** Herzschlag **piquer un sprint** *ici:* battre plus vite [18] **l'abruti** *m* idiot **cosmique** *fig* très grand, immense [19] **embarrassé** verlegen [24] **l'associé** *m* collègue **chercher des poux dans la tête de qn** *loc fam* mit jdm Streit suchen **être à cran** *fam* prêt à se mettre en colère [27] **pertinent,e** treffend, passend

J'en suis resté stupéfait. Pas qu'il m'aime, mais qu'il me le dise ainsi, d'un coup. Il a soupiré, a regardé ses pieds puis a ajouté:

– Ne l'oublie jamais. Quoi qu'il se passe.

Il est sorti, me laissant debout au milieu de ma chambre, sidéré.

J'ai passé les deux heures suivantes à éviter consciencieusement de faire mon boulot pour le lycée. J'ai joué un peu sur mon PC, répondu au mail de Patricia qui me disait qu'elle m'avait trouvé soucieux tout l'après-midi et m'avait envoyé un poème en pièce jointe, lu les infos qui donnaient le nom du gangster qui s'était fait tuer à Marans, un certain Franck Briand, déjà connu des services de police, et passé un coup de fil à Manou, ma grand-mère Lucie, la mère de mon père, ma préférée, qui vit seule depuis la mort de Papou dans sa maison de Maintenon, à quelques kilomètres de Chartres.

J'ai aussi beaucoup réfléchi à cette habitude que j'avais, depuis toujours, de me raconter ma vie, de la fantasmer, d'imaginer des péripéties romanesques qui feraient de moi un héros plutôt qu'un enfant ordinaire. En primaire, influencé par les films d'aventures que je regardais à la télé, je m'inventais des scènes dans lesquelles, blessé (le plus souvent par une balle dans le bras), je me sacrifiais pour mon meilleur ami, lui disant d'une voix brisée par la douleur de me laisser mourir pour sauver sa propre vie. D'autres fois, toujours blessé à mort (mais encore au bras, car je soupçonnais qu'ailleurs, une balle devait faire très, très mal!), je volais au secours d'Isabelle, la jolie maîtresse remplaçante de CM1 dont j'étais secrètement amoureux. Plus tard, j'ai souvent imaginé la mort de mes parents dans un accident de voiture. Je n'avais pas du tout envie qu'ils disparaissent, mais j'aimais me projeter dans cette situation dramatique, me rêver orphelin, admiré et plaint de tous

[1] **stupéfait,e** verblüfft [2] **soupirer** seufzen [4] **sidéré,e** *fam* stupéfait [7] **soucieux,se** inquiet [8] **la pièce jointe** Anhang [10] **passer un coup de fil** téléphoner [15] **la péripétie** *ici:* histoire [19] **la balle** Kugel **se sacrifier** opfern [20] **d'une voix brisée** mit gebrochener Stimme [23] **la maîtresse remplaçante** Vertretungslehrerin [24] **CM1** *abr* cours moyen première année *entspricht der 4. Klasse* [27] **l'orphelin** *m* enfant sans parents

(et surtout des filles), affrontant mon triste destin avec dignité et courage.

Je m'étais toujours parlé seul, aussi, à voix haute, dialoguant avec moi-même, me lançant des défis idiots. Je l'avais encore fait quelques minutes plus tôt, dans ma chambre après l'accrochage avec mon père, à tourner bêtement ces idées qui faisaient de lui quelqu'un qu'il n'était pas et de moi, comme enfant, le héros de ma vie.

N'avais-je donc pas changé? Ne grandirais-je jamais? Avais-je encore besoin, à quinze ans, d'imaginer des drames pour me prouver que j'existais vraiment?

Fatigué de réfléchir et commençant à sérieusement avoir faim, je suis descendu vers 19 h 30. Mon père était seul au salon, dans la pénombre, tous les volets du rez-de-chaussée fermés.

– Maman n'est pas là? j'ai demandé.

– J'ai oublié de te dire qu'elle ne rentrait pas ce soir. Une amie qui a des soucis.

Qu'est-ce que c'était encore que cette histoire? Quelle amie? Je les connaissais toutes, les amies de maman et elle n'avait jamais passé la nuit chez aucune d'elles! Pourquoi, soudain, mes parents faisaient des choses étranges dont je ne savais rien?

«Stop!» je me suis crié mentalement. Je n'allais pas recommencer avec mes questions débiles! Surtout qu'une idée bien plus intéressante m'était venue:

– Et si on allait manger dehors? J'ai pas cours demain! Ce serait plus sympa que de se casser les dents sur les restes de pizzas qui traînent dans le frigo!

Mon père m'a regardé et m'a répondu:

– Pas ce soir, Nico.

– Allez, p'pa! Ça te ferait du bien de bouger un peu…

– J'ai pas envie de sortir la voiture.

– Alors on y va en vélo! Il fait super doux, on se croirait encore en été!

J'ai alors pensé à sa jambe blessée.

– À moins que tu aies trop mal?

[1] **affronter** *ici:* begegnen **le destin** Schicksal **la dignité** Würde [4] **se lancer un défi** sich einer Herausforderung stellen [5] **l'accrochage** *m fam* dispute, querelle [12] **la pénombre** Halbdunkel [13] **le volet** Fensterladen [22] **débile** *adj fam* bête, idiot [34] **à moins que** es sei denn

– Mal?

– Ta jambe?

– C'est fini. Vraiment rien de sérieux...

Et il a finalement accepté.

Sans nous concerter, nous avons opté pour l'itinéraire le plus long, et c'était bon de filer vers le vieux port en sentant la brise marine nous caresser le visage. Il avait fait une journée magnifique, ce jour-là, telle que je les aime à La Rochelle, avec une lumière transparente et un ciel d'un bleu très pâle.

Le soir tombait quand nous sommes arrivés sur le vieux port et les deux tours étaient encore caressées par une chaude lumière orangée.

Les restos étaient pleins de monde, trop pour nous, et nous avons préféré nous rabattre sur notre crêperie habituelle, près du marché couvert.

J'ai essayé de changer les idées à mon père en parlant du lycée et surtout de rugby, mais il était ailleurs, perdu dans ses pensées, dans ses soucis. Alors j'ai fini par aborder le sujet de son travail. C'était sans doute une erreur.

– C'est qui ce Marc avec qui tu parlais au téléphone, l'autre fois? C'est lui l'associé qui t'emmerde?

Mon père a immédiatement coupé court:

– T'as encore faim? Tu veux une deuxième galette ou une crêpe sucrée?

Je n'ai pas insisté.

– Une crêpe, ça ira...

Une fois la nuit tombée, la température nous a rappelé que l'été était bel et bien terminé. Je n'étais pas assez couvert et j'avais froid. En vélo, la route entre la Pallice et le centre-ville est toujours plus dure au retour qu'à l'aller et je crois que mon père a eu mal à la jambe. Nous avons croisé beaucoup de policiers en chemin, qui semblaient surveiller

[5] **se concerter** s'accorder, en discuter avant **opter** se décider pour, choisir [6] **filer** *fam* aller vite [13] **se rabattre sur qc** sich mit etw begnügen [17] **aborder** commencer à parler de [20] **emmerder** *pop* énerver [21] **immédiatement** directement **couper court** schnell unterbrechen [22] **la galette** en Bretagne, crêpe salée de farine de sarrasin *(Buchweizen)* [30] **croiser** rencontrer

les voitures, et j'ai noté malgré moi que mon père avait tendance à accélérer quand nous passions à leur proximité.

Nous sommes arrivés à la maison à 22 h 10.

J'ai eu un pressentiment en voyant que la grille était mal tirée alors que j'étais certain de l'avoir fermée correctement.

À l'intérieur, tout était sens dessus dessous, les tiroirs vidés, les étagères renversées, les placards ouverts. Rien n'avait été épargné.

[2] **accélérer** aller plus vite *contr* ralentir **à proximité** à côté [4] **le pressentiment** Vorahnung [6] **sens dessus dessous** *loc* en désordre [7] **renverser** inverser, retourner **le placard** armoire **épargner** verschonen

4

Nous sommes restés un moment sans rien dire, immobiles, choqués.

Puis mon père m'a attrapé par la manche pour me tirer vers la cuisine.

– Tu restes là jusqu'à ce que je revienne. Surtout, tu ne bouges pas.

Il est ressorti de la cuisine et je l'ai entendu fouiller dans son bureau puis en ressortir pour arpenter chaque recoin de la maison. En comprenant qu'il faisait le tour des pièces pour s'assurer qu'il n'y avait personne, j'ai pris peur. Pas une seconde je n'avais pensé que les cambrioleurs qui avaient saccagé notre maison pouvaient encore être ici, cachés quelque part à la cave ou à l'étage!

Les secondes qui ont suivi ont été épouvantablement longues. Il n'y a qu'une porte dans la cuisine, ouvrant sur le séjour, et la fenêtre donnant sur le jardin était fermée. Malgré cela, j'épiais chaque bruit, chaque grincement, imaginant qu'un homme cagoulé allait me sauter dessus d'un instant à l'autre. Même le ronflement du moteur du frigo se remettant en route m'a fait bondir. Après un moment, j'ai commencé à regarder intensément le placard à balais. Pour m'y être si souvent caché dans mon enfance, je savais qu'un homme pouvait y tenir debout sans problème. Soudain, la cuisine m'a semblé la pièce la moins sûre de la maison et j'ai senti la panique qui montait en moi. Et si l'intrus était là, tout près pendant que papa le cherchait à l'autre bout de la maison? Je n'ai pas eu le temps de faire deux pas vers le séjour que je me suis retrouvé nez à nez avec mon père.

– C'est bon. Il n'y a personne.

– Il faut appeler la police! j'ai crié, les nerfs tendus à craquer. Ils ont dit à la télé qu'il ne fallait rien toucher avant…

– Monte dans ta chambre, m'a interrompu mon père.

– Mais p'pa, je…

– Monte dans ta chambre, Nico. TOUT DE SUITE!

[5] **fouiller** chercher [6] **arpenter** parcourir à grands pas **le recoin** Winkel [9] **le cambrioleur** voleur **saccager** verwüsten [11] **épouvantablement** terriblement [13] **épier** faire attention [14] **cagoulé,e** avec un masque [15] **le ronflement** *ici:* bruit [16] **se remettre en route** sich wieder einschalten **bondir** sauter [21] **l'intrus** *m* Eindringling [25] **les nerfs tendus à craquer** die Nerven zum Zerreißen gespannt

Le ton était sans appel et j'ai immédiatement obéi. En gravissant les escaliers, je l'ai entendu qui piquait une crise, en bas, donnant des coups de pied dans les objets renversés, enchaînant les jurons et répétant plusieurs fois «Les fumiers! Les fumiers!» d'une voix si violente qu'elle m'a fait frissonner.

La vision de ma chambre n'était pas faite pour me réconforter. Tout était par terre, mes livres, mes disques, mes vêtements… Mes posters avaient été déchirés, mon lit défait et le matelas éventré de plusieurs coups de couteau.

Je me suis assis pour essayer de me calmer. Mes mains tremblaient à l'idée de ces inconnus qui avaient violé notre maison pendant que nous dînions en ville. Nous aurions vraiment pu rentrer plus tôt et tomber sur eux! Sans doute cela s'était-il joué à quelques minutes? Que se serait-il passé alors? Des types capables de retourner une maison de fond en comble étaient sans doute prêts à bien pire!

Je m'étais toujours senti en sécurité chez moi, dans la maison et dans cette chambre qui était mon domaine, mon repaire, et le voir dans cet état lamentable me donnait un profond sentiment de tristesse et de vulnérabilité.

J'ai sorti mon portable de ma poche et j'ai composé le numéro de maman. Je suis tombé sur sa messagerie et j'ai raccroché en me demandant avec colère où elle pouvait bien être. Puis j'ai à nouveau parcouru la pièce des yeux.

Rien n'avait disparu. Mon PC, ma montre, mon appareil numérique, ma coupe du championnat de rugby, tout était là. Renversé ou cassé, mais là. Pourquoi?

En bas, j'avais eu le temps de voir que la télé n'avait pas été emmenée, ni la chaîne hi-fi, le lecteur de DVD; que le vase en cristal de maman, s'il avait été brisé, n'avait pas disparu! Alors quoi? Nous

[1] **sans appel** eindeutig **obéir** gehorchen **gravir** monter [2] **piquer une crise** *fam* s'énerver [3] **le juron** Fluch [4] **le fumier** *pop péj* Mistkerl [5] **frissonner** trembler [6] **réconforter** encourager [8] **défaire** déranger, mettre en désordre **éventrer** aufschlitzen [11] **violer** entrer de force [13] **tomber sur qn** rencontrer [15] **de fond en comble** de haut en bas, totalement [17] **le repaire** refuge [18] **lamentable** triste [19] **la vulnérabilité** Verletzlichkeit [21] **la messagerie** Anrufbeantworter **raccrocher** auflegen [24] **l'appareil (photo) numérique** *m* Digitalkamera

n'étions pas des collectionneurs de tableaux de maîtres, nous n'avions pas un coffre rempli de bijoux inestimables ... Et puis pourquoi découper le matelas de mon lit? Taillader les coussins du canapé? Vider mon tiroir à chaussettes?

Pourquoi, sinon parce que ceux qui avaient fait ça n'étaient pas venus pour voler, mais pour chercher quelque chose.

J'ai entendu du bruit, au rez-de-chaussée, et après un instant de panique, j'ai compris que ce n'était que mon père qui essayait de remettre de l'ordre. Sans avoir appelé la police, je le notais au passage.

Je ne suis pas descendu l'aider, j'ai rangé ma chambre. En vérité, je n'avais pas envie de me retrouver en tête-à-tête avec mon père. Quelque chose n'allait pas chez lui, depuis peu, et je ne comprenais pas quoi. La seule chose que je savais, c'est que je préférais celui qu'il était avant d'être rentré à la maison cet après-midi-là, les chaussures pleines de boue et du sang sur son pantalon.

J'avais dû m'endormir malgré mon énervement puisque je me suis réveillé au milieu de la nuit, habillé sur mon lit.

Il n'y avait plus un bruit dans la maison et je suis resté un long moment sans bouger, le cœur battant. J'avais fait un rêve étrange que je ne parvenais pas à reconstituer totalement une fois réveillé. Plus que de son action, je me souvenais de son ambiance, lourde, pénible, angoissante. Un de ces rêves où l'on est incapable de parvenir à faire ce que l'on veut, où l'on trébuche en marchant, où l'on cherche sans fin son chemin. C'était peut-être beaucoup pour le soir, une crêpe chocolat banane chantilly?...

J'avais chaud, et ma gorge était sèche. J'ai enlevé mes chaussures pour ne pas faire de bruit dans l'escalier et suis descendu boire un verre à la cuisine.

Mon père n'avait pas chômé: impossible de deviner ce qui s'était passé si on n'avait pas vu la maison en pagaille quelques heures plus tôt.

[2] **le coffre** Tresor, Safe **inestimable** très cher [3] **taillader** aufschlitzen [11] **le tête-à-tête** *inv* situation de deux personnes qui se trouvent seule à seule [21] **pénible** terrible [22] **angoissant,e** inquiétant [23] **trébucher** schwanken [25] **la chantilly** *inv* Schlagsahne [29] **chômer** ne pas travailler [30] **la pagaille** *fam* désordre

J'allais entrer dans la cuisine quand un drôle de bruit m'a fait sursauter. Je me suis figé sur place, l'oreille tendue, et me suis retourné.

Mon père dormait sur le canapé du salon, dans les habits qu'il portait la veille, affalé sur le dos, un bras pendant, la main touchant par terre. Il ronflait doucement.

J'ai souri et j'allais entrer dans la cuisine quand un reflet bleuté a attiré mon regard. Je me suis avancé doucement pour m'arrêter devant le canapé. Il faisait sombre, et mes yeux ont mis du temps à identifier ce qu'un rayon de lune éclairait à la ceinture de mon père: la crosse noire et striée d'un pistolet.

[2] **figer** rester immobile **l'oreille tendue** *loc* Ohren gespitzt [4] **affalé,e** liegend [5] **ronfler** schnarchen [6] **bleuté,e** qui a des reflets bleus [9] **la ceinture** Gürtel **la crosse** Griff (einer Pistole) [10] **strié,e** gerillt

5

Je n'ai sans doute pas assez de vocabulaire pour décrire ce qui s'est alors passé en moi. Une avalanche, un raz-de-marée d'émotions, d'incompréhension, de stupéfaction. Un soudain épuisement, aussi, qui m'a révélé combien j'étais tendu depuis deux jours.

Une fois dans ma chambre, je me suis d'abord assis sur mon lit, incapable de réfléchir calmement à ce que je venais de découvrir. Puis je me suis allongé en boule, mon oreiller serré contre mon ventre.

Mon père possédait un pistolet. Première nouvelle! Trop de détails étranges s'étaient accumulés en quelques heures pour que je puisse un seul instant me convaincre qu'il s'agissait seulement d'une arme de défense contre d'éventuels voleurs. C'est pourtant ce que j'aurais aimé penser…

J'avais envie d'appeler ma mère, de lui parler, de lui demander de m'expliquer ce qui arrivait à mon père, ce qui nous arrivait, et, en quelques phrases rassurantes, comme elle avait toujours su le faire, de balayer mon angoisse. J'avais envie de dormir, aussi, pour oublier l'étau qui me serrait le crâne, la main géante qui me fouillait le ventre.

Il était 3 heures du matin, et si je n'ai pas retrouvé le sommeil, j'ai somnolé, à moitié conscient, mais l'esprit libéré des barrières de l'éveil. Ainsi, j'ai pu regarder en face les faits autour desquels je tournais fébrilement depuis bientôt deux jours.

Une fusillade avait eu lieu à quelques kilomètres de chez nous et un homme armé, blessé à la jambe, s'était enfui à bord d'une BM 520 grise qui avait percuté et tué une femme au passage avec son aile avant gauche. Le même jour, à peine soixante minutes plus tard, mon père était rentré à une heure tout à fait inhabituelle, blessé à la jambe, sa BM 520 grise accidentée. Depuis, il était nerveux, irritable, mystérieux, il

[2] **l'avalanche** *f* Lawine **le raz de marée** Flutwelle [3] **l'épuisement** *m* fatigue [4] **révéler** montrer [7] **allonger en boule** zu einer Kugel zusammengerollt hinlegen [9] **accumuler** ansammeln [16] **balayer** faire disparaître **l'angoisse** *f* peur [17] **l'étau** *m* Schraubstock **le crâne** *fam* tête [19] **somnoler** ne pas dormir profondement **conscient,e** bewusst **l'éveil** *m* Erwachen [24] **percuter** anfahren [25] **à peine** *adv* noch nicht einmal

avait fait repeindre la voiture, réparer à la va-vite son aile avant gauche, et avait un pistolet à la ceinture. Notre maison avait été mise à sac, fouillée de l'entresol au grenier.

À 5 heures, je suis sorti brusquement de ma torpeur avec cette phrase en tête: «Mon père est le fuyard de Marans!»

C'était brutalement évident, incontestable. Ne supportant plus d'être dans ma chambre, dans «ma» maison, j'ai enfilé un pull, glissé mon portable dans la poche de mon jean, pris mes chaussures à la main et suis descendu sur la pointe des pieds. J'ai sorti mon vélo du garage, empoché un trousseau de clés, enfilé mes chaussures une fois dehors et je suis parti en prenant bien soin de ne pas faire grincer la grille.

L'air matinal de ce début d'octobre était piquant. Était-ce pour cela que mes yeux ne cessaient de pleurer?

Je pédalais vite, rageusement, à la fois grisé et inquiet de me trouver dehors alors que le reste du monde paraissait dormir. Ce n'était pourtant déjà plus tout à fait la nuit, et au-delà des lumières urbaines orangées, le ciel commençait à s'éclaircir à l'est. Seuls, derrière le silence engourdi des habitations, s'entendaient les bruits du port marchand, des grues, des conteneurs, des camions qui déchargeaient des marchandises ayant traversé les océans. J'avais toujours adoré notre quartier, ses odeurs marines de sel et de mazout, les silhouettes énormes des navires marchands à quai le long du môle d'escale, la présence étrange de l'ancienne base sous-marine datant de la Seconde Guerre mondiale, les silos à grains qui ressemblent à des châteaux et, au loin, le pont de l'île de Ré, perché entre ciel et mer…

Soudain, tout m'apparaissait étranger, inquiétant, hostile. Soudain, tout ce qui avait fait ma vie jusque-là semblait m'échapper.

[1] **à la va-vite** *adv fam* auf die Schnelle [2] **mettre à sac** *fam* plündern [3] **le grenier** Dachboden [4] **la torpeur** léthargie, somnolence [6] **incontestable** unbestreitbar [7] **enfiler** mettre [9] **la pointe des pieds** Zehenspitzen [10] **empocher** mettre qc dans sa poche **le trousseau de clés** Schlüsselbund [12] **matinal,e** du matin **piquant,e** stechend [14] **rageusement** en colère *contr* calmement **grisé** *ici:* von der Geschwindigkeit berauscht [16] **urbain,e** de la ville [17] **s'éclaircir** sich erhellen [18] **engourdi** endormi [19] **la grue** Kran [21] **le mazout** Heizöl [22] **le navire** bateau **le môle d'escale** Schiffsanleger [24] **le silo à grain** Kornspeicher [25] **perché** situé sur un endroit relativement élevé [26] **hostile** ennemi, menaçant [27] **échapper** entgleiten

J'étais déjà essoufflé quand j'ai attaqué la montée du pont. Pourtant, j'ai encore accéléré le rythme, debout sur mes pédales, méprisant le vent qui souffle ici quel que soit le temps, les muscles de mes jambes me brûlant un peu plus à chaque tour de roue.

La douleur et l'épuisement sont rapidement devenus insupportables mais j'ai tenu bon, comme pour me punir, me faire mal, m'empêcher de penser. Je n'ai croisé que deux voitures qui quittaient l'île à cette heure matinale; je les ai entendues plutôt que vues tant mon regard était brouillé par un mélange salé de sueur et de larmes. Le vent en pleine face, la montée donnait l'impression de ne jamais devoir finir, et j'étais bien au-delà de mes forces quand je suis finalement arrivé en haut de la côte. Ma poitrine était un volcan en éruption, l'air que je respirais et que j'expirais m'arrachait de l'intérieur.

Je n'ai pas ralenti en entamant la descente. Mon vélo a pris de la vitesse et je me suis calé à l'arrière de ma selle, les épaules rentrées. L'air froid chassait les larmes de mes yeux. Bientôt, j'allai si vite que le vent sifflant à mes oreilles plaquait mes vêtements contre ma peau et me glaçait le visage et les mains.

Je roulais trop vite, beaucoup trop vite. Mes garde-boue tremblaient, la dynamo gémissait plus aiguë que jamais, mes mains étaient crispées sur le guidon et les rambardes de sécurité du pont, toutes proches, n'étaient plus qu'un mur lisse et gris. J'avais conscience qu'à cette allure, une chute serait terrible. Je redoutais l'accident et pourtant je me refusais à freiner. J'étais ivre de vitesse, de danger. Je voulais sortir de moi-même.

Je ne sais par quel miracle, mais je suis arrivé entier en bas du pont. J'ai freiné progressivement, tout à coup prudent, affolé par ce que je venais de faire.

[1] **essoufflé** außer Atem [2] **mépriser** ne pas faire attention [6] **tenir bon** durchhalten [9] **brouillé** *ici:* verschwommen, getrübt **la sueur** Schweiß [14] **entamer** commencer [15] **se caler** sich zurechtsetzen **la selle** Sattel **les épaules rentrées** die Schultern hochgezogen [17] **plaquer** coller [18] **glacer** rendre froid [19] **le garde-boue** *m inv* Schutzblech [21] **crispé** verkrampft **le guidon** Lenker **la rambarde** Geländer [22] **lisse** *adj* glatt [23] **l'allure** *f* vitesse [24] **freiner** bremsen **être ivre** (be)trunken sein [27] **affolé** paniqué

Je me suis arrêté sur le bord de la route et, en touchant le sol, mes jambes ont vacillé. J'ai marché avec lenteur en tenant le vélo par le guidon, me forçant à inspirer longuement pour retrouver mon souffle et chasser mon envie de vomir.

Après un temps, mes mains ont tout de même fini par cesser de trembler et je suis remonté sur ma selle.

Chaque coup de pédale a été un effort, mais ma destination était proche: notre «château», comme nous l'appelions, près de la plage sud de Sablanceaux.

C'était un bout de terrain entouré d'une simple palissade en bois au fond duquel se trouvait une cabane juste assez grande pour y ranger des planches à voile, une tondeuse à gazon, des cannes à pêche, une table en plastique, quatre chaises et un barbecue. J'aimais cet endroit pour y avoir passé des heures de liberté, de bonheur simple avec mes parents dès que les jours commençaient à allonger.

Je suis descendu de vélo en arrivant à la barrière. Je ne m'étais pas trompé, tout à l'heure, dans mes réflexions ensommeillées: il y avait des traces de pneus dans la boue, et j'ai aussitôt revu dans ma tête l'état de la BMW et des chaussures de mon père le jour de la fusillade. Il était tombé des trombes d'eau un jour et une nuit entiers, juste avant, et tout concordait: le jour de la fusillade, mon père était passé par là avant de rentrer à la maison.

J'ai poussé la barrière. Apparemment, il avait roulé jusqu'à la cabane.

J'ai suivi l'allée encore boueuse d'un pas rapide en sortant le trousseau de clés de ma poche. J'étais si nerveux que je m'y suis repris à trois fois pour actionner la serrure de la porte. Dès qu'elle a été ouverte, j'ai senti l'odeur familière de notre château, mi-campagnarde mi-marine, un mélange de parfums d'herbe et de mer. L'odeur de mon bonheur passé.

J'ai allumé la lampe de camping.

Par où commencer?

J'ai fouillé à gauche en entrant, passé la main sur le mur derrière les affaires de pêche, puis j'ai bougé en vain la tondeuse. Il n'y avait rien

[2] **vaciller** trembler [4] **vomir** erbrechen [10] **le bout de terrain** Teil des Geländes **la palissade** Zaun [12] **la tondeuse à gazon** Rasenmäher [20] **la trombe d'eau** Wolkenbruch [21] **concorder** übereinstimmen [25] **boueux,se** schlammig [27] **actionner** faire fonctionner, mettre en mouvement **la serrure** Schloss [34] **en vain** *adv* vergeblich

non plus d'anormal derrière ni sous le barbecue, les chaises et la table. Nos deux planches à voile étaient posées sur des barres fixées sur le mur du fond. J'ai entrepris de descendre au sol celle du bas, la plus grosse. Elle était lourde, et très encombrante. Elle m'a échappé et l'avant a cogné fort par terre. J'ai posé l'arrière plus délicatement en équilibre sur son aileron et l'ai enjambé. J'ai tâté le mur et cru sentir quelque chose. J'ai cogné, comme on frappe à une porte, et très nettement, à un endroit, ça sonnait creux.

Cette cloison était dans une zone d'ombre, et je suis allé décrocher la lampe de camping. Il y avait une trappe, presque invisible. J'ai réussi à en deviner les bords du bout des doigts puis à desceller trois planches de la cloison. J'ai avancé la lampe pour découvrir une sorte de niche dans le mur, une cache. Retenant ma respiration, je me suis encore avancé et le faisceau de la lampe a révélé trois pistolets, deux liasses de billets de banque et ce que je cherchais sans le savoir, que la police traquait sans doute, tout comme ceux qui avaient fouillé notre maison: un sac-poubelle rempli de sachets de poudre blanche.

4 **encombrant,e** sperrig **échapper** glisser des mains 5 **cogner** (auf)schlagen 6 **l'aileron** *m* Ruder **enjamber qc** über etw hinwegsteigen **tâter** toucher 8 **creux,se** hohl 9 **la cloison** Zwischenwand 10 **la trappe** Klappe 11 **le bord** *ici:* Ende **desceller** lösen 14 **le faisceau** Strahl 15 **la liasse** Bündel 16 **traquer** chercher, poursuivre 17 **le sachet** petit sac

6

Je ne me souviens pas d'avoir rangé puis fermé la cabane. J'ai dû le faire, pourtant, à la manière d'un automate, déjà plus moi-même.

À la plage, la mer était haute et commençait à peine à sortir de la nuit, sa surface lisse se confondant encore avec le ciel. Au large, au-delà des feux intermittents des balises et des phares, un cargo prenait le large, si haut que ses lumières semblaient celles d'un immeuble à la dérive.

J'ai posé mon vélo contre un arbre et, plus loin, me suis laissé tomber assis dans le sable.

Qu'étais-je venu faire ici? Sans doute fuir ce qu'était devenue ma vie, et regarder le soleil se lever sur la mer pour me prouver que, malgré tout, le monde continuait de tourner.

Quand on l'observe intensément, le jour est long à se lever. Les étapes franchies sont imperceptibles, les premières couleurs sortent de la pénombre insensiblement, des nuances de plus en plus riches, mais par touches infimes.

Alors que mes yeux enregistraient ce spectacle, mon esprit feuilletait mon livre de souvenirs. Des images me revenaient, toutes liées à mon père. Je le revoyais sur la plage nord le jour où nous avons pris, exactement au même instant, chacun un bar de plus d'un kilo; la fois où, pour mes dix ans, il m'avait fait sécher les cours pour passer une journée en mer sur un bateau qu'il avait loué; quand il m'avait laissé conduire la voiture sur la neige l'an dernier; l'hiver de mes six ans durant lequel, après que je lui avais avoué que je ne croyais plus au père Noël, il m'avait demandé de faire semblant encore une fois pour maman; le soir, il y a cinq ans déjà, où il m'avait raconté son coup de foudre pour maman et comment il avait passé trois jours et trois nuits au

[5] **les feux intermittents** Blinklichter **la balise** Boje **le cargo** grand bateau transportant des marchandises [6] **(aller) à la dérive** abdriften [13] **franchi** passé **imperceptible** kaum wahrnehmbar [14] **insensiblement** peu à peu [15] **la touche** Strich *(wie von einem Maler)* **infime** très petit [16] **enregistrer** *ici:* observer **feuilleter** tourner les pages [19] **le bar** Seebarsch [20] **sécher les cours** *fam* ne pas aller à l'école [25] **le coup de foudre** fait de tomber amoureux subitement

pied de son immeuble avant qu'elle accepte de dîner avec lui; cette après-midi ensoleillée sur l'île de Ré, où il m'avait appris à faire du vélo; la soirée de pluie durant laquelle il m'avait fait la morale parce que j'avais volé des boîtes de craies de couleur à l'école. Je me souvenais encore de ses mots: «Il n'y a qu'en étant honnête qu'on peut vraiment être heureux. Crois-moi, on ne profite jamais vraiment de ce qu'on a volé...»

Le sens intime de ces phrases m'a frappé de plein fouet ce matin-là, leur double sens aussi, alors que de noire, la mer était cette fois devenue bleu-vert. Et d'autres souvenirs me sont alors revenus, des détails oubliés que ces dernières heures éclairaient d'un jour nouveau. La fois où nous avions quitté notre lieu de vacances en catastrophe, prétendument à cause d'un ennui au travail, et où nous avions roulé toute la nuit sans un mot. Ces «missions» dont je n'ai jamais rien su mais qui éloignaient mon père de la maison parfois pour plus de deux semaines. Le fait qu'il ait toujours tout payé en liquide, avec de grosses coupures, alors que les autres parents faisaient des chèques et utilisaient des cartes de crédit. Ces nombreux coups de téléphone en pleine nuit, depuis toujours. Ces amis qui venaient dormir à la maison parfois quatre ou cinq jours d'affilée et dont je n'entendais plus jamais parler ensuite.

À l'évocation de ces souvenirs qui ne ressemblaient plus à ce qu'ils étaient encore il y a quelques jours, une amertume nouvelle est née en moi. Celle du mensonge, de la dissimulation, de la trahison.

Qu'avait été ma vie depuis tout ce temps? En tout cas pas celle que j'avais crue, que j'avais vécue. Je pouvais dire que j'avais eu une enfance heureuse, mais à quel prix? Avec quel argent mon père m'avait-il offert mes cadeaux d'anniversaire, mon premier vélo, ma montre, mon ordinateur, cette virée en mer le jour de mes dix ans?

Un épouvantable sentiment de gâchis m'a étreint. C'était comme si ma vie était salie, mon passé, mes souvenirs. Depuis toujours, alors que je jouais dans le jardin de la cabane, que j'y nettoyais mes affaires de

[8] **de plein fouet** mit voller Wucht [12] **prétendument** angeblich [16] **payer en liquide** bar bezahlen **la coupure** billet de banque [19] **d'affilée** sans interruption [21] **l'évocation** *f* Wachrufen, Heraufbeschwören [22] **l'amertume** *f* Bitterkeit [23] **la dissimulation** Heuchelei **la trahison** Verrat [29] **le gâchis** heilloses Durcheinander **étreindre** packen, überwältigen

pêche ou ma planche à voile, des armes et de la drogue étaient-elles cachées dans le mur du fond? Si mon père était celui que la police recherchait, l'homme de la fusillade de Marans, le bandit qui avait été blessé par la balle d'un policier, qui avait tué une passante en prenant la fuite, qu'avait-il fait par le passé, dont, sans le savoir, j'avais moi-même profité?

Toutes ces réflexions étaient trop complexes pour moi, trop vertigineuses. J'aurais voulu que quelqu'un m'aide. J'aurais aimé pouvoir me confier, parler, crier, pleurer.

Mais j'étais seul sur cette plage, écœuré alors qu'une aube magnifique se dessinait sous mes yeux. Mes amis dormaient encore, Patricia aussi, à qui, je ne sais pas trop pourquoi, j'ai pensé alors.

La liste était vite parcourue: je n'avais pas grand-monde dans ma vie à part mes parents. Seule ma grand-mère Lucie devait être éveillée, elle qui ne dormait que quatre heures par nuit depuis la mort de Papou.

J'ai cherché son numéro dans le répertoire de mon portable et j'ai appuyé sur appel.

Elle a décroché au bout de deux sonneries.

– Manou? C'est Nicolas.

– Mon Nico! Je me demandais qui pouvait appeler si tôt... Tu es où, là?

– Sur l'île.

– Seul?

– Oui.

– Un problème?

Je n'ai pas répondu, incapable de trouver les mots pour dire l'énormité que j'avais à confier. Sentant mon embarras, Manou a enchaîné:

– Qu'est-ce que tu fais, en ce moment?

– Rien. Je regarde le jour qui se lève sur la plage.

– C'est beau?

– Oui.

– Tu veux me décrire?

C'est pour ça que j'adore Manou, parce qu'elle sait toujours, sans trop en faire, comment se comporter avec moi. Elle acceptait ce coup de téléphone pour ce qu'il était, sans chercher à me guider ailleurs. Elle ne

[7] **vertigineux,se** Schwindel erregend [9] **se confier** sich anvertrauen [10] **écœuré** découragé **l'aube** *f* Morgengrauen, Sonnenaufgang [18] **décrocher** *contr* raccrocher

m'avait jamais traité comme un enfant, mais toujours, depuis mon plus jeune âge, telle une personne à part entière.

– Le ciel est bleu très pâle derrière la Pallice, j'ai dit en relevant la tête, avec quelques nuages bordés de rose. Il y a un cargo à quai, à contre-jour. À ma droite, le ciel est beaucoup plus sombre, et il y a des étoiles qui brillent encore. La mer est très calme, haute, mais la marée a commencé à baisser. Il y a deux mouettes qui volent très haut, et d'autres posées sur le sable, à une trentaine de mètres de moi…

J'ai fait une pause, la gorge serrée, puis j'ai dit:

– Manou?…

– Je suis là, Nico.

– Manou, je…

Et j'ai fondu en larmes.

Ma grand-mère n'a rien dit mais elle est restée silencieuse à l'autre bout de la ligne. Elle savait que j'avais besoin de pleurer, et alors que n'importe quel autre adulte à sa place aurait essayé de me consoler, de me prouver qu'en vérité je n'avais pas de raison d'être triste quoi qu'il se soit passé, elle a respecté mon chagrin, ne m'a posé aucune question et s'est contentée d'être là, avec moi malgré les kilomètres. Exactement ce dont j'avais besoin.

J'ai sangloté comme un gosse, longtemps, en tremblant. Puis je me suis repris.

– T'es encore là, Manou?

– Bien sûr, mon chéri. Ça va mieux?

– Oui.

– Il fait jour maintenant?

– Presque. Le soleil n'est pas encore sorti tout à fait mais le ciel est orange derrière la ville.

– J'aimerais être avec toi, tu sais.

– Oui, je sais. Mais ça va, maintenant… Je vais raccrocher, ça va mieux.

– Tu sais que tu peux m'appeler quand tu veux, Nico?

– Oui, Manou.

– Si un jour tu veux me dire, tu n'hésites pas.

[5] **le contre-jour** Gegenlicht [7] **la marée** Gezeiten, Ebbe und Flut **la mouette** Möwe [9] **avoir la gorge serrée** Knoten im Hals haben [13] **fondre en larmes** in Tränen ausbrechen [21] **le gosse** *fam* enfant

– Non. Promis.

Nous avons raccroché, et je me suis levé. Je me sentais plus calme. Apaisé.

Le soleil est brusquement sorti à l'est et une lumière orangée a étiré des ombres sur le sol. Sans réfléchir, j'ai commencé à me déshabiller. J'avais envie de sentir la mer sur ma peau, de rentrer dans l'eau, de nager. De me laver de tout.

Entièrement nu, j'ai marché sur le sable frais et suis rentré dans l'eau sans m'arrêter. Je m'étais déjà baigné sur l'île plus tard dans la saison, jusqu'aux vacances de la Toussaint, mais jamais si tôt le matin. La mer m'a semblé glacée et j'ai mis du temps à m'y habituer. J'ai nagé loin, longtemps, puis je me suis mis sur le dos, les bras en croix. Je me suis laissé flotter un moment, léger, ballotté par le faible clapotis, à regarder le ciel traversé de fines traînées d'avions. Puis j'ai fermé les yeux en rêvant que j'étais à bord de l'un d'eux, en partance pour ailleurs. N'importe où, mais ailleurs.

[3] **apaisé** calmé [4] **étirer** *ici:* in die Länge ziehen [13] **flotter** treiben **balloter** hin und her bewegen/rollen **le clapotis** Plätschern [14] **la traînée** trace

7

J'avais beaucoup dérivé quand j'ai rouvert les yeux et j'ai dû nager longtemps pour regagner la plage.

Une femme y faisait son jogging et elle a eu l'air très étonnée de me voir sortir de l'eau. J'ai frissonné et me suis vite séché avec mon tee-shirt. Puis je me suis rhabillé, mon pull à même la peau.

Je ne ressentais plus rien.

Sans doute tout mon chagrin, ma honte, mon dégoût étaient-ils provisoirement consommés. Tout cela était tellement énorme. Tellement trop gros pour moi…

Je me suis simplement, égoïstement, demandé ce que j'allais faire, maintenant. C'était samedi, je n'avais pas cours, et je n'avais pas du tout envie de rentrer à la maison où devait se trouver mon père. Comment reprendre une vie normale après ce que j'avais découvert? Je me voyais mal, désormais, regarder un film à la télé avec lui, partager la table du petit déjeuner comme si de rien n'était, parler du lycée, lui demander le soir s'il avait passé une bonne journée.

Je ne voyais pas comment j'allais pouvoir continuer à vivre, tout simplement.

Et brutalement, j'ai pensé à ma mère. Au danger qu'elle courait sans le savoir.

Où était-elle à cette heure? Rentrée à la maison, s'inquiétant sans doute de ne pas m'y trouver? Avec mon père? Cet homme qui n'était pas celui que nous croyions depuis toujours?

J'ai pris mon téléphone pour l'appeler sur son portable. Elle a décroché aussitôt:

– Nico? Mais où tu es? Qu'est-ce que tu fais dehors? Je me suis…

Sa voix était fébrile, mais beaucoup moins que la mienne quand je l'ai interrompue:

– MAMAN! PAPA A UNE ARME. J'AI VU SON PISTOLET! Il y en a d'autres à la cabane, des billets aussi. Plein de billets! C'est papa que recherchent les flics! C'est lui le fuyard de Marans, tu…

– Calme-toi, Nicolas. Calme-toi…

– Il y a de la drogue, aussi. Plein un sac-poubelle, et…

[7] **le chagrin** Kummer **la honte** Scham **le dégoût** Ekel [8] **consommer** *ici:* partir

– Nico, mon chéri. Écoute-moi. Il faut que tu te calmes et que tu rentres à la maison. Nous allons parler. Tu m'entends, Nico? Rentre à la maison. Ton père est le même que celui qu'il a toujours été… Tout va bien…

J'ai raccroché.

Je crois que mon cœur s'est arrêté de battre un court instant, comme un hoquet. J'avais mal dans la poitrine et l'air me manquait. Mon portable a sonné. C'était maman et je n'ai pas décroché. Je l'ai éteint.

Quel idiot j'avais été de m'inquiéter pour elle. Comment avais-je pu un seul instant imaginer qu'elle ne connaissait pas l'homme avec qui elle partageait sa vie, avec qui elle s'était mariée, dont elle avait eu un fils? Bien sûr elle savait tout. Bien sûr elle était sa complice.

Le soleil a fait son chemin dans le ciel. Les ombres se sont inversées.

J'ai fini par me relever. Il était 16 h 43 à ma montre.

J'ai repris mon vélo, et le chemin de la maison.

Je n'avais nulle part ailleurs où aller. J'avais faim, j'avais froid, j'avais peur.

J'ai vu de loin la voiture de police.

Quand je suis entré, cinq visages se sont tournés vers moi. Celui de mon père qui était assis à la table de la salle à manger. Celui de ma mère qui se tenait debout, livide. Ceux de deux hommes et une femme que je ne connaissais pas.

Maman s'est précipitée et m'a dit à voix basse, les mâchoires serrées:

– Ne me refais jamais ça, Nico! Mais où t'étais?

– Qu'est-ce qui se passe? j'ai demandé.

– Rien. Je t'expliquerai plus tard. Monte dans ta chambre. Allez file!…

J'ai gravi la moitié de l'escalier puis je me suis arrêté pour écouter ce que disait la femme inconnue qui s'adressait à mon père:

– Reprenons, monsieur Vergeau. Vous n'avez donc pas revu Franck Briand depuis…

– Le lycée. On devait avoir dix-sept ans quand on s'est perdus de vue.

[7] **le hoquet** Schluckauf [13] **s'inverser** sich umkehren [21] **livide** très pâle [23] **se précipiter** *ici:* sich auf jdn stürzen **les mâchoires serrées** Kiefer zusammengepresst

– Et vous ne connaissez pas non plus Marc Fernet?

– Jamais entendu parler.

– Où étiez-vous, jeudi dernier, à 14 h 15?

– Ici. Je ne me sentais pas bien, et j'ai demandé à partir du bureau plus tôt. Vous pouvez vérifier auprès de mes collaborateurs.

– Nous le ferons. Vous étiez seul à la maison, ou une personne pourrait-elle confirmer vos dires?...

Mon père a hésité. Il avait une voix épouvantable, faussement détendue mais dans laquelle, moi qui le connaissais si bien, j'avais perçu une profonde panique.

C'est là que ça s'est joué. À cet instant précis.

Je n'ai pas réfléchi. Ou plutôt mon cerveau a été plus vite que moi. Ou mon cœur. J'ai descendu cinq marches et j'ai dit:

– Moi.

Tout le monde s'est à nouveau tourné de mon côté.

– Moi, j'étais là, j'ai continué. Je n'avais pas rugby, et je suis rentré après la cantine. J'étais là quand papa est arrivé à 14 heures.

Il y a eu un moment de silence, puis l'inspectrice ou la commissaire, je ne sais pas comment on doit l'appeler, m'a dit:

– Et vous êtes?

– Nicolas Vergeau.

– Le fils de...

– Oui.

J'ai bien vu qu'elle ne me prenait pas au sérieux, alors j'ai ajouté:

– Mais j'étais pas seul! Une autre personne peut vous confirmer que papa était bien là.

– Qui?

– Patricia Faudet. Ma... Ma copine, quoi! Même que papa nous a surpris alors que... Enfin vous comprenez.

– Je crois, oui.

Voilà.

C'était fait.

C'était dit.

9 **percevoir** remarquer 12 **le cerveau** Gehirn 25 **confirmer** bestätigen

Mes jambes tremblaient, et j'ai à peine entendu la voix de la femme me disant qu'il faudrait que je vienne signer une déposition au commissariat. J'ai fait demi-tour et je suis remonté dans ma chambre, abasourdi.

J'ai pris mon portable et, écœuré par moi-même, j'ai envoyé un texto à Patricia:

> Jeudi dernier, si on te demande, dis qu'on était ensemble à 14 h, chez moi, et que mon père nous a surpris.
> Je t'en prie, c'est très important. Je t'expliquerai plus tard.
> Fais-le si tu m'aimes.
> NICO

[2] **la déposition** témoignage [4] **abasourdi** betäubt

Épilogue

Neuf mois ont passé.

Je termine mon année scolaire au lycée Jehan-de-Beauce de Chartres. Je passe de justesse en première.

J'habite à Maintenon, chez Manou.

Elle savait pour mon père, son fils. Elle savait pour ma mère. C'est en apprenant la nature de leurs activités, dix-neuf ans plus tôt, qu'elle et Papou avaient quitté La Rochelle.

Mes parents ne voulaient pas que je parte, ils m'ont supplié de rester, d'essayer de continuer à vivre comme avant. Mais c'était impensable pour moi, au-dessus de mes forces, de mes nerfs. Je ne voulais plus dépendre d'eux, de leur argent sale, que ce que leur rapportait la drogue, ou je ne sais quelles autres combines, paye mes études, mes vêtements, mes loisirs. Ma mascarade de bonheur.

Mon père m'a demandé pardon le jour où j'ai déménagé. «Pardon pour tout», il a dit. Ma mère a beaucoup pleuré. Moi aussi.

Je n'arrive pas à les comprendre, à associer qui ils étaient et qui ils sont devenus pour moi. Ces parents affectueux qui avaient toujours tenu à ce que je reçoive le meilleur enseignement possible, catéchisme compris, et ces étrangers qui vivaient du vol, du trafic de drogue et du crime. Pourquoi le catéchisme? Pourquoi vouloir me donner un sens moral alors qu'eux n'en ont aucun? Tu ne voleras pas? Tu ne tueras pas?… À quoi bon?

Je ne sais plus quoi penser, quoi croire, qui croire. Je ne veux plus penser.

La mer me manque, La Rochelle et mes parents aussi.

Vont-ils changer de vie? Mon départ servira-t-il au moins à les faire réfléchir? Je n'en sais rien. Ils m'écrivent chaque semaine depuis mon départ mais je n'ai pas ouvert une seule de leurs lettres. Et je n'ai

[3] **de justesse** *loc* knapp [6] **la nature** *ici:* façon [9] **supplier** demander, prier
[12] **la combine** *fam* Trick [16] **associer** miteinander vereinbaren, verbinden

répondu à aucune. De mon passé, je n'ai gardé de contacts qu'avec Patricia. Nous nous écrivons beaucoup, nous nous téléphonons parfois.

Comme moi, elle a été faire sa déposition au commissariat de La Rochelle. Elle a été parfaite, très convaincante. Et si je me sens encore coupable de l'avoir utilisée, d'avoir abusé de son amour pour moi, ce n'est pas pour cela que je réponds à ses courriers, que je lui écris régulièrement. C'est autre chose, que je ne suis pas sûr d'avoir encore le courage de nommer, mais qui grandit vite en moi et m'aide à croire en demain.

Je ne sais pas si mon mensonge a vraiment influé sur l'enquête. J'en doute, même. Le témoignage d'un proche, d'un parent, surtout mineur, ne doit pas beaucoup compter pour la police. Mes parents ont certainement trouvé depuis un bien meilleur alibi.

Ce n'est pas ce qui compte. Seul importe que je l'aie fait, que j'aie menti à la police, que je me sois interposé entre la vérité et mes parents. J'y pense souvent. Tout le temps. Je pense au policier abattu, à la passante tuée par la voiture de mon père, à la drogue.

Bien sûr que je me sens coupable! Bien sûr que je suis mal! Mais c'étaient mes parents, mon père, ma mère... Ils avaient toujours été de bons parents, qui m'aimaient, que j'aimais! Ils avaient toujours été ma vie!

C'est facile de m'accabler, mais honnêtement, sincèrement, vous auriez fait quoi, à ma place?

6 **abuser de qc** etw ausnutzen, missbrauchen 11 **influer** beeinflussen 12 **mineur** *adj* minderjährig 16 **s'interposer** s'introduire, se mettre entre deux personnes/choses 23 **accabler qn** jdn belasten, jdm Vorwürfe machen

Au-delà de la lecture

Avant la lecture

Travaillez en groupe pour formuler des hypothèses sur le texte.

Groupe 1: Lisez le titre et regardez la couverture. À quelle sorte d'histoire vous attendez-vous? Qu'est-ce qui se passe dans l'histoire? Imaginez les personnages et le lieu de l'action.

Groupe 2: Lisez la définition et regardez l'image à la page 3. À quelle sorte d'histoire vous attendez-vous? Qu'est-ce qui se passe dans l'histoire? Imaginez les personnages et le lieu de l'action.

Compréhension de texte

Für die Überprüfung des Textverständnisses gibt es verschiedene Aufgabenarten:

- Fragen zum Text: Die Fragen sollten immer genau durchgelesen werden und bei schriftlicher Beantwortung kann der Anfang des Satzes bereits notiert werden.
- Fragen mit vorgegebenen Antwortmöglichkeiten (*QCM – questionnaire à choix multiple*): Hier sollten die Antwortmöglichkeiten aufmerksam gelesen werden, manchmal sind es nur Details, durch die sich die Antworten unterscheiden.
- *vrai-faux*-Aufgaben: Auch hier liegt der «Fehlerteufel» oft im Detail.

Pendant la lecture

Prologue

1. a) Quelles pourraient être les situations qui peuvent changer la vie?
   b) Avez-vous déjà vécu une situation pareille?

2. Le narrateur dit: «On m'a menti durant quinze ans.» D'après vous, qui lui a menti? Pourquoi?

3. Réfléchissez. Qui peut être le narrateur de cette histoire?

Chapitre 1

1. Nico est le nom du narrateur. Reliez les phrases avec le bon pronom relatif.

qui (2x) que (2x)

   1. C'est la mère de Nico __________ est partie à Albi.

   2. La grand-mère de Nico __________ sa mère va voir a eu un malaise.

   3. Le moteur de voiture __________ Nico a entendu, est celui de la BM de son père.

   4. Son père __________ est couvert de boue, est de mauvaise humeur.

2. Qu'est-ce qu'on apprend du narrateur?

3. Pourquoi est-ce qu'il va au resto avec son père tous les soirs?

4. Racontez la rencontre entre père et fils de l'après-midi.

5. Comment le père explique-t-il la situation? Expliquez son comportement.

6. Imaginez une conversation sur les événements entre Nico et sa mère au téléphone.

7. Quelles nouvelles le narrateur apprend-il par la télé?

Chapitre 2

1. Décrivez brièvement la situation dans la cuisine le lendemain.

2. Complétez la conversation au téléphone entre Marc et le père de Nico. Quelles questions Marc aurait pu poser?

3. Décrivez la relation entre le narrateur et Patricia? Faites une mind-map pour montrer la relation entre les différents personnages.

4. a) Vrai ou faux? Cochez les bonnes réponses et corrigez les phrases fausses.

	vrai	faux
1. Aux infos télévisées, ils ont dit que la fusillade avait eu lieu à Marans.	☐	☐
2. Le journaliste a dit que c'était une BMW bleue.	☐	☐
3. Il a ajouté que les bandits avaient abattu deux personnes.	☐	☐
4. À la radio, ils disent que celui qui s'est enfui a un bras blessé.	☐	☐
5. Nico se demande si la police cherche la voiture de sa mère.	☐	☐

b) Complétez les phrases avec les verbes «être (2x), poursuivre, chercher, réparer». Attention au temps des verbes!

1. Le journaliste a dit que les bandits ________________ des trafiquants de drogue.

2. Il a ajouté que la police les ________________ depuis des semaines.

3. À la radio, ils disent que la police ____________________ le bandit dans la région Charente-Maritime.

4. Nico pense que son père ________________ le fuyard de Marans.

5. Il veut savoir si son père ____________________ la voiture.

6. «Tout le monde ne discutait que de la fusillade des infos télévisées.» Inventez cette discussion entre 3 ou 4 élèves.

7. Mettez les phrases suivantes à la forme passive. Attention à l'accord du participe passé!

   1. Pendant la fusillade, un bandit a tué un policier.

   2. Un policier a abattu un des trafiquants de drogue.

   3. Le conducteur de la BMW a renversé une passante.

   4. Les flics avaient repéré les malfaiteurs.

   5. Maintenant, la police quadrille toute la Charente-Maritime.

8. Rédigez un petit article sur les événements de la veille à l'aide de la conversation des élèves dans la cour du collège.

9. Relisez le dernier paragraphe du premier chapitre. Puis, relevez les détails dans le deuxième chapitre qui sont différents de la vie quotidienne de Nico jusqu'à présent.

Chapitre 3

1. Complétez le résumé avec les verbes donnés.

avoir (4x), réagir, entrer, découvrir, venir, jouer, regarder, expliquer, aller, devoir, continuer, remonter, comprendre, être, vouloir, se disputer, proposer

Nico ____________________ la voiture de son père qui n'________________ plus la même couleur. Juste à ce moment-là, son père ________________ dans le garage. Ils ________________ parce que son père ________________ de façon agressive. Nico ______________ dans sa chambre. Comme il ______________ une bonne relation avec ses parents, il ne ______________ pas la réaction de son père. Il ______________ surpris quand son père ______________ s'excuser. Celui-ci lui ______________ qu'il ______________ des ennuis avec ses collègues de travail. Pour ne pas penser au comportement bizarre de son père, Nico ______________ sur son PC. Mais il ______________ à se poser des questions sur son habitude d'inventer des histoires. Le soir, il ______________ à son père d'aller manger au resto. Mais son père ne ______________ pas car il n'______________ pas envie de sortir la voiture. Nico ______________ le persuader et ils ______________ manger des crêpes. En rentrant, ils ______________ que la maison a été fouillée.

2. Divisez le chapitre en paragraphes. Donnez un titre à chaque paragraphe et décrivez brièvement les sentiments et les pensées du narrateur.

3. Résumez la relation entre le narrateur et ses parents en général.

4. Présentez Lucie et Isabelle.

5. a) Ce soir-là, où est la mère de Nico?

   b) Cette fois, le père ne veut pas aller au resto. Pourquoi?

   c) Pourquoi change-t-il d'opinion?

6. Qu'est-ce qui s'est passé dans la maison pendant leur absence?

Chapitre 4

1. Vous trouvez ci-dessous le résumé du chapitre. Mais, il contient quelques fautes. Trouvez-les et corrigez-les.

   En entrant dans leur maison, Nico et son père sont choqués. Tout a été fouillé par les cambrioleurs. Nico monte immédiatement dans sa chambre. Là, c'est la même chose. Toutes ses affaires sont sens dessus dessous. Il remarque qu'on a volé son PC et sa montre. Ça le rend triste et vulnérable. Il entend un bruit au rez-de-chaussée et croit que les cambrioleurs sont revenus. Mais, c'est son père qui est en train d'appeler la police. En même temps, Nico se met à ranger sa chambre. Après, il se couche. Le lendemain, un bruit le réveille. Il descend et retrouve sa mère qui est rentrée.

2. Analysez les différentes réactions du père et du fils lorsqu'ils voient leur maison sens dessus dessous.

3. Décrivez les sentiments de Nico dans sa chambre. Pourquoi est-ce qu'il ne se sent plus protégé?

4. D'après vous, qu'est-ce que les cambrioleurs cherchaient?

5. Pourquoi est-ce que le père n'appelle pas la police?

6. Dans quelle situation Nico trouve-t-il son père au milieu de la nuit?

7. Qui ou que? Reliez les phrases avec le bon pronom relatif.

   1. Le père de Nico regarde si les cambrioleurs __________ ont fouillé la maison sont toujours là.

   2. Pendant tout le temps __________ son père fait le tour de la maison, Nico attend dans la cuisine.

   3. Tous les bruits __________ Nico entend lui font peur.

   4. Il sent la panique __________ monte en lui.

5. Son père __________ ne veut pas appeler la police lui dit de monter dans sa chambre.

6. La voix de son père __________ il trouve très agressive le fait frissonner.

7. Retrouver sa chambre __________ est également en désordre ne le réconforte pas.

8. Il ne se sent pas en sécurité dans sa chambre __________ était son domaine.

9. Il entend son père __________ essaie de remettre de l'ordre dans la maison.

10. Il découvre que son père __________ dort a un pistolet.

Chapitre 5

1. Notez au minimum 5 expressions pour décrire les sentiments de Nico.

2. Voici des phrases pour décrire les sentiments de Nico. Essayez d'enrichir le texte à l'aide des mots donnés.

après avoir + inf. comme (*am Satzanfang*) c'est pourquoi pour (ne pas) + inf. avant de + inf. quand qui où	(ne plus) supporter habiter avoir l'impression changer continuer son chemin fouiller
à la fois normalement	la cabane de sa famille près de la mer

Nico a découvert le pistolet. Il est bouleversé. Il ne comprend plus rien. C'est au milieu de la nuit. Il ne peut parler à personne de ses sentiments. Il est angoissé. Il est très fatigué. Il a l'impression que sa vie s'arrête. Il ne veut pas rester avec son père. Il s'en va. C'est très tôt le matin. Le quartier est tranquille. C'est au bord de la mer. Il est près du port. Il y a toujours beaucoup d'activités. Il aime ça, mais pas aujourd'hui. Il roule trop vite. Il ne sent pas sa peur. Il a presque un accident. Il se calme et va au «château». Là, il trouve trois pistolets, de l'argent et de la drogue.

3. Avez-vous déjà vécu une situation qui a évoqué les mêmes sentiments chez vous?

4. «J'avais envie d'appeler ma mère ». Inventez le dialogue entre Nico et sa mère au téléphone.

5. «Mon père est le fuyard de Marans.» Expliquez cette conclusion de Nico.

6. Décrivez le quartier du narrateur.

7. Pourquoi Nico quitte-il sa maison si tôt le matin?

8. Comment cherche-t-il à se calmer?

9. a) Qu'est-ce que c'est «le château»?

   b) À votre avis, qu'est-ce qu'il cherche là-bas?

   c) Et qu'est-ce qu'il trouve?

Chapitre 6

1. Vrai – faux? Corrigez les phrases fausses.

	vrai	faux
1. Après sa découverte, Nico rentre tout de suite à la maison.	☐	☐
2. Il prend le temps d'observer le lever du soleil.	☐	☐

3. Il se souvient des bons moments passés avec son père. ☐ ☐

4. Ce n'était que des bons moments. ☐ ☐

5. Nico a eu une enfance heureuse. ☐ ☐

6. Il croit que son père a toujours gagné son argent avec le trafic de drogues. ☐ ☐

7. Il aimerait avoir quelqu'un à qui il peut se confier. ☐ ☐

8. Il pense à Patricia. ☐ ☐

9. Il décide d'appeler Patricia. ☐ ☐

10. Après, il se déshabille et nage dans la mer. ☐ ☐

2. Décrivez la relation de la grand-mère et son petit-fils.

3. Résumez le contenu de leur conversation au téléphone.

4. D'après vous, pourquoi est-ce que Nico n'a pas dit la vraie raison de son appel?

Chapitre 7

1. Expliquez la phrase «Je ne ressentais plus rien.»

2. Pourquoi Nico pense-t-il que sa mère est en danger?

3. a) Que comprend-il de la conversation avec sa mère?

   b) Commentez ses sentiments après cette conversation.

4. Où va-t-il maintenant? Pourquoi?

5. Quelle situation trouve-t-il en rentrant à la maison?

6. Quel est «l'alibi»?

7. Quels sont les motifs de Nico pour ce témoignage, selon vous?

8. D'après vous, pourquoi nomme-t-il Patricia comme témoin?

Épilogue

1. Résumez la situation 9 mois après.

2. Répondez à la dernière question du texte.

Après la lecture

1. Faites un portrait détaillé de Nico.

2. Comment répondriez-vous à la question de Nico à la fin du texte? Discutez-en en classe.

3. Imaginez la situation au poste de police. Faites un jeu de rôle (policier, Nico, Patricia, les parents).

4. Mettez-vous à la place de Patricia. Écrivez un monologue intérieur après avoir reçu le texto de Nico.

5. Nico arrive chez sa grand-mère. Imaginez le dialogue entre Nico et sa grand-mère.

6. D'après vous, qu'est-ce que les parents écrivent à Nico? Écrivez une lettre à leur place.

7. Lisez l'extrait de «Blog», p. 55-56.

    a) Notez les mots autour du sujet «un crime».

    b) Pourquoi est-ce que le narrateur ne parle plus à son père? Décrivez le conflit entre père et fils.

    c) Comparez la relation entre le narrateur et ses parents avec celle entre Nico et ses parents.

Le participe présent et le gérondif

Bildung des *participe présent*

Das *participe présent* wird gebildet, indem die Endung *-ant* an den Stamm der 1. Person Plural Präsens gefügt wird.

Infinitiv	1. P. Pl. Präsens	*Participe présent*
entrer	*nous entrons*	*entrant*
attendre	*nous attendons*	*attendant*
venir	*nous venons*	*venant*
finir	*nous finissons*	*finissant*
aller	*nous allons*	*allant*
faire	*nous faisons*	*faisant*

Sonderformen:

avoir	*ayant*
être	*étant*
savoir	*sachant*

Verwendung des *participe présent*

Das *participe présent* kann in unterschiedlicher Weise verwendet werden. Es kann statt eines Neben- oder Relativsatzes eingesetzt werden. Es kann auch als Adjektiv verwendet werden, dann handelt es sich um ein Verbaladjektiv[1]. Als Verbform ist es unveränderlich, kann eine Ergänzung bei sich haben, und verneint werden.

Exemples:

- *J'ai mal dormi, cette nuit-là, **entendant** dans mon sommeil des moteurs de voiture, des portières qui claquent, [...]*
- *Le cœur **battant** trop vite, j'en ai fait prudemment le tour, comme si la BM risquait de me mordre, et [...]*

[1] Nicht aus allen Verben kann ein Verbaladjektiv gebildet werden. Zu beachten ist außerdem, dass das Verbaladjektiv nicht immer die gleiche Bedeutung wie das entsprechende *participe présent* hat. Manchmal ist auch die Schreibweise unterschiedlich.

Bildung des *gérondif*
Das *gérondif* ist unveränderlich. Es wird aus der Präposition *en* und dem *participe présent* gebildet.

Exemples:
entrer - en entrant
attendre - en attendant

Verwendung des *gérondif*
Das *gérondif* drückt in erster Linie aus, dass zwei Handlungen gleichzeitig ablaufen. Das *gérondif* kann statt eines Nebensatzes eingesetzt werden. Voraussetzung ist jedoch, dass beide Sätze das gleiche Subjekt haben. Das *gérondif* kann verneint werden und Ergänzungen haben.

Exemple:
Je me suis alors penché ***en découvrant*** *un gros choc sur l'aile avant gauche de la voiture. Je savais qu'il n'y était pas deux jours plus tôt puisque j'avais lavé la BM le week-end précédent,* **en rentrant** *de notre virée sur l'île de Ré [...]*

Le journal de lecture

In einem Lesetagebuch können erste Eindrücke wiedergegeben werden wie etwa Gedanken und Gefühle, die der Text auslöst, die eigene Meinung oder Fragen, die offen bleiben.
Das Lesetagebuch erlaubt eine individuelle „Begleitung" des Romans und der Hauptfigur. Wenn man Textstellen aufschreibt, ermöglichen diese eine bessere Erinnerung an Details der Handlung. Dies ist nebenbei eine gute Vorbereitung auf die Klausur. Eigene Kreativität ist gefragt, wenn Bilder, Fotos, eigene Zeichnungen oder Texte hinzugefügt werden. Diese Texte sowie das Lesetagebuch insgesamt sollten nicht in die Bewertung einfließen, sondern die persönliche Auseinandersetzung mit dem Text dokumentieren.
Da es auf Französisch geführt werden sollte, ist das folgende Gliederungsbeispiel bereits auf Französisch formuliert. Es ist als Vorschlag für eine Einteilung des Lesetagebuches in Kapitel zu verstehen. Sie können verändert oder zusätzliche Inhalte individuell hinzugefügt werden.

1. Notez d'abord les détails obligatoires.

Titre: ______________________________

Auteur: ______________________________

Date de parution: ______________________________

2. Avant de commencer la lecture, vous pouvez diviser votre journal en chapitres et leur donner des titres. Voici un exemple de table des matières:

1. Le sujet du roman
   En lisant le titre, je ...
   D'après toi, quel est le sujet du texte?

2. Quelles questions est-ce que tu as?

3. Le protagoniste

4. Les autres personnages (famille, ami(e)s)

5. Mes premières réactions en lisant le texte,
   ... mes pensées
   ... mes sentiments

6. Qu'est-ce que tu aimes?
   Qu'est-ce que tu n'aimes pas?

7. Des phrases que je trouve importantes

8. La structure du texte

9. Ce qui me rend heureux / triste / content / agressif ...

10. Ce que je changerais ...

11. À l'attention de l'auteur
    J'aimerais dire à Mikaël Ollivier
    J'ai des questions ...

12. Ma réponse à la question de Nico à la fin du texte

Comment faire un résumé?

Die Zusammenfassung eines Textes enthält:
- die Hauptidee des Textes (Einleitung),
- die zentralen Informationen (wer, was, wo, wann?).

Um einen Text zusammenzufassen, sind folgende Regeln zu beachten:
- mit einer Einleitung beginnen (Titel, Autor – *titre, auteur*)
- Präsens (3. Person) verwenden
- Schlüsselwörter heraussuchen (*mots-clés*)
- Reihenfolge der Ereignisse beachten
- eigene Wörter verwenden
- Wörter zur Verknüpfung verwenden (*mots-charnières*)
- den Text auf max. 1/3 des Originaltextes reduzieren

Unbedingt zu vermeiden sind folgende Elemente:
- keine direkte Rede (1. Person) verwenden (*le «je» n'est pas permis*)
- keine Zitate (*ne pas copier le texte*)
- kein Telegrammstil, Klammern, Auslassungszeichen o.ä.
- kein persönlicher Kommentar (*commentaire personnel*)
- keine Beispiele, seltene Wörter o.ä. verwenden
- keine Einleitungen wie *l'auteur expose que, le texte dit que ...*

Les mots pour faire un résumé:

Le texte,
- tiré de «...»
- extrait de «...», traite de ...
- intitulé «...», parle de ...
- écrit en ... par ...

Dans ce texte / chapitre, il est question de ...

Dans ce texte / chapitre, l'auteur
- raconte pourquoi ...
- explique comment ...
- aborde le problème de ...

Tout d'abord, ...
Pour commencer, ...
Au début du texte, ...
En premier lieu, ...

Dans la première / ...-ième / dernière partie ...

Puis, / Ensuite, / ...
Enfin, ...

Pour conclure / terminer / finir, ...
Le texte se termine par ...
Le texte s'achève sur ...

Comment faire le portrait d'un personnage?

Bei einer Personenbeschreibung wird zuerst das äußere Erscheinungsbild der Person beschrieben (*son physique = caractérisation directe du personnage*).
Doch nur die äußerliche Beschreibung reicht nicht aus, um den Charakter einer Person zu erfassen. Zusätzlich lassen ihre Handlungen, ihre Aussagen und ihre Gedanken Rückschlüsse auf die Person zu (= *caractérisation indirecte du personnage*).
Im Verlauf des Romans ergeben sich möglicherweise Änderungen im Verhalten der Person(en). Zwischen dem Anfang und dem Ende der Handlung entwickelt sich die Hauptfigur weiter. Aus dem Verhalten gegenüber anderen Figuren und den Reaktionen auf diese lassen sich weitere Eindrücke der Hauptfigur gewinnen.

Détails du portrait physique:

- la taille
- l'âge
- le teint de sa peau
- la couleur des cheveux / des yeux
- des détails de son visage ou de son corps
- les vêtements, les chaussures, des accessoires

Quelques expressions utiles

• pour décrire le caractère:

Le personnage principal ...

- est gentil / aimable / timide / triste / ouvert / silencieux etc.
- ... est caractérisé / e / décrit / e comme ...
- ... est / semble être un peu naïf / naïve.
- ... a beaucoup de traits de caractère positifs.
- ... a bon / mauvais caractère.
- ... a un caractère optimiste / agressif etc.

Le trait de caractère dominant est ...
Une autre qualité essentielle est ...
Un autre aspect de son caractère est ...

- pour caractériser le comportement:

Il / Elle a / montre un comportement naturel / agressif etc.
Le comportement / la manière d'agir de ... est / n'est pas ...
Son comportement / Sa façon de parler montre / permet de penser que ...
On pourrait caractériser son comportement comme ...
Il / Elle se comporte / se conduit de façon / de manière ...
Ce qu'il dit / pense / fait permet de penser que ...
Par son comportement / sa manière d'agir, il / elle veut exprimer ...

- pour caractériser l'interaction avec d'autres personnages:

Il / Elle a un comportement compréhensif / ve / ... envers / à l'égard de ...
Il / Elle éprouve de l'amour / de l'aversion / un sentiment de ... pour ...
Il / Elle a / semble avoir beaucoup d'amis / peu de contacts avec son entourage.
Il / Elle a confiance en ...
Il / Elle se fait des illusions sur ...
Il / Elle est incapable de communiquer avec ...
Sa réaction / sa manière de réagir montre que ...

Document supplémentaire

Jean-Philippe Blondel, Blog (extrait)[1]

Jean-Philippe Blondel est né le 16 octobre 1964 à Troyes. Il est professeur d'anglais et a publié plusieurs romans. Dans le roman «Blog», un garçon de seize ans raconte ce qu'il ressent après avoir découvert que son père lisait son blog sur Internet, son espace privé. Pour se faire pardonner, le père lui offre un carton contenant ses journaux intimes d'adolescent.

Premier chapitre:
[...] J'aurais dû m'en douter, en fait.

Parfois, je me demande s'il n'a pas fait exprès de semer des indices pour distiller le doute et me préparer à la révélation. Il paraît que, parfois, les grands criminels agissent comme ça pour aiguiller les policiers et leur permettre de les arrêter. Tout au fond, ils ont envie d'être découverts – et punis. C'est tordu, comme méthode, mais les grands criminels sont tous un peu tordus. Le grand criminel, ici, c'est mon père. Et la victime, évidemment, c'est moi. Bon, d'accord, certains trouveront que tout ça n'est pas si grave, qu'il n'y a pas mort d'homme et que donc, je réagis de façon un peu exagérée. Moi, je ne trouve pas. C'est mon intimité qui est en jeu. Et le respect auquel j'aspire.

Ma mère l'a bien compris, d'ailleurs. Elle a été irréprochable, pour le coup. Quand elle a compris de quoi il retournait, elle a copieusement engueulé mon père. Elle a tiré la tronche pendant quelques jours, mais finalement, cela n'a pas duré. D'abord, parce que ma mère est

[1] Extrait de l'ouvrage *Blog* de Jean-Philippe Blondel, Actes Sud junior, 2010, p. 7-9.

10 **exprès** absichtlich **semer les indices** Hinweise geben 11 **distiller le doute** langsam den Verdacht wecken **la révélation** découverte 12 **aiguiller** *ici:* jdn zu etw hinführen 14 **tordu** *fam* fou, bizarre 18 **exagéré** übertrieben 19 **aspirer** *ici:* attendre 20 **irréprochable** correct, exemplaire 21 **copieusement** beaucoup 22 **engueuler** *fam* anschreien **tirer la tronche** *fam* montrer qu'on est mécontent

indécrottable dans son amour pour son mari, et ensuite, parce que les parents, ça a du mal à rester fâchés longtemps, surtout lorsqu'ils vivent sous le même toit et qu'ils paient chacun leur part de loyer ou de facture d'électricité.

Moi, je me mure dans le mutisme. Je me suis même promis que je resterai muet jusqu'à ma majorité, ce qui fait un peu moins de deux ans, six cent quatre-vingt-trois jours pour être précis. En rupture de communication avec mon père. Lui, il fait le gros dos, pour l'instant. Il est conscient d'avoir commis une énorme bourde, mais il est persuadé que ça me passera et que, s'il se fait oublier quelque temps, les choses rentreront d'elles-mêmes dans l'ordre. Il se met le doigt dans l'œil jusqu'au coude. Il devrait se souvenir que je peux être extrêmement borné et que j'imite très bien l'autiste. En plus, je serai incorruptible. Inutile de tenter de m'amadouer avec des jeux vidéo ou des places de concert. Je ne céderai pas. Je continuerai à lui battre froid – j'ai appris cette expression-là en cours de français l'autre fois et elle m'a éclaté: c'est vrai, on s'imagine toujours un combat comme un moment chaud et sanguin, mais *battre froid*, c'est la classe ultime. L'indifférence, le mépris, il n'y a rien de pire – je vais devenir un vrai congélateur.

[1] **indécrottable** *fam* incorrigible [2] **être fâché** *fam* se disputer [3] **le loyer** Miete [5] **se murer dans le mutisme** *loc* sich in Schweigen hüllen [6] **la majorité** *ici:* Volljährigkeit [8] **faire le gros dos** *loc* den Kopf einziehen [9] **faire une bourde** *loc fam* große Dummheit begehen [11] **se mettre le doigt dans l'œil jusqu'au coude** *loc fam* se tromper [13] **borné** unnachgiebig [14] **incorruptible** unbestechlich **amadouer** besänftigen, umstimmen [15] **céder** nachgeben [16] **battre froid** *loc* jdm die kalte Schulter zeigen [17] **éclater qn** *ici:* faire rire [18] **sanguin** hitzig [19] **ultime** höchste, äußerste **le mépris** Verachtung [20] **le congélateur** Gefrierschrank

Vocabulaire

Chapitre 1

le port	Hafen	J'habite près du port.
paisible	ruhig, friedlich	À la campagne, la vie est paisible.
la veille	Vortag	La veille, c'est le jour avant aujourd'hui.
cuisiner	kochen	Il ne sait pas cuisiner.
réviser	wiederholen, üben	Il faut réviser le vocabulaire.
le contrôle	Test	Demain, j'ai un contrôle de français.
la carrosserie	Karosserie	La carrosserie est abimée.
l'aile *f*	*hier:* Kotflügel	L'aile gauche est accidentée.
se blesser	sich verletzen	Tu t'es blessé?
l'égratignure *f*	Kratzer	C'est juste une égratignure.
la boue	Schlamm, Matsch	La voiture est couverte de boue.
boiter	hinken	Il boitait fort.
le sang	Blut	Il y avait du sang sur son pantalon.
sale	schmutzig	La voiture est sale.
salir	be-, verschmutzen	Il a sali ses chaussures.
sursauter	zusammenzucken	Un cri me fait sursauter.
être surpris,e	überrascht sein	Je suis surpris de son silence.
être de bonne/ mauvaise humeur	gute/schlechte Laune haben	Mon père est de mauvaise humeur.
inquiet, inquiète	beunruhigt	Je suis inquiet à cause de l'accident.
(s')inquiéter	sich beunruhigen	Les infos m'inquiètent.
les infos *f*	Nachrichten	J'entends les infos à la radio.
la fusillade	Schießerei	Ils parlent d'une fusillade.
le bandit, le malfaiteur	Verbrecher	Un des bandits / des malfaiteurs a été blessé.

Chapitre 2

embarrassant,e	peinlich	Le silence devient embarassant.
embarrassé	verlegen	Il est embarrassé par mes questions.
s'énerver	sich aufregen	Je me suis beaucoup énervé.
la dispute	Streit	Il n'aime pas les disputes.
la tension	(An)Spannung	Il y a une tension nerveuse.
l'ennui *m*	Problem, Ärger	Il a des ennuis au travail.
la difficulté	Schwierigkeit	J'ai des difficultés en maths.
l'enquête *f*	Untersuchung	mener une enquête
la fuite	Flucht	Il prend la fuite.
s'enfuir	entfliehen	Après la fusillade, ils se sont enfuis.
le fuyard	Flüchtiger	La police cherche les fuyards.
abattre	töten	Les criminels ont abattu une passante.
renverser	*hier:* überfahren	La voiture a renversé une femme.
blesser	verletzen	La police a blessé un des bandits.
le trafiquant	Dealer	C'est un trafiquant de drogue.
la drogue	Drogen	La drogue est très dangereuse.
la marchandise	Ware	Où est cachée la marchandise?
la cachette	Versteck	Les policiers cherchent la cachette.
se cacher	sich verstecken	Les criminels se cachent pour ne pas être arrêtés.
réfléchir	nachdenken, überlegen	Il réfléchit beaucoup.
redouter	fürchten	Il redoute ce qu'il va trouver.

soupçonner	verdächtigen	On soupçonne le père de Nico.
inhabituel	ungewöhnlich	C'est un comportement inhabituel.

Chapitre 3

avoir peur	Angst haben	Il a peur de son père.
étrange	seltsam, merkwürdig	La voix est étrange.
étranger	fremd	Il lui semble étranger.
menaçant,e	bedrohlich	Le son de sa voix est presque menaçant.
la confrontation	Auseinandersetzung	Il n'aime pas la confrontation avec son père.
l'interrogatoire *m*	Verhör	C'est un interrogatoire?
la tristesse	Traurigkeit	La dispute lui donne un sentiment de tristesse.
affectueux,se	liebevoll	Ses parents sont affectueux.
content,e	zufrieden, glücklich	Il est content de ses parents.
stupéfait,e	überrascht, verblüfft	Il est stupéfait de ce qu'il a dit.
la maîtresse	Lehrerin	C'était sa maîtresse à l'école maternelle.
l'absence *f*	Abwesenheit	Pendant leur absence, quelqu'un est entré dans leur maison.
cambrioler	einbrechen	Qui a cambriolé la maison?
le cambrioleur	Einbrecher	Qu'est-ce que les cambrioleurs ont cherché?
renverser	umstürzen	Tout est renversé.

Chapitre 4

vulnérable	verletzlich	Nico se sent vulnérable.
protéger	(be)schützen	Son père veut le protéger.
la sécurité	Sicherheit	À la maison, il ne se sent plus en sécurité.
le désordre	Unordnung	Sa chambre est en désordre.

remettre de l'ordre	wieder aufräumen	Il essaie de remettre de l'ordre.
obéir	gehorchen	Il doit obéir à son père.
remarquer	bemerken	Il n'a rien remarqué.
téléphoner	telefonieren	Il veut téléphoner à sa mère.
composer le numéro de qn	die Nummer von jdm wählen	Il compose le numéro sur son portable.
la messagerie	Anrufbeantworter	Je suis tombé sur sa messagerie.
décrocher	abheben	Elle n'a pas décroché.
raccrocher	auflegen	J'ai tout de suite raccroché.
la ceinture	Gürtel	Il porte une ceinture.
le pistolet	Pistole	Son père a un pistolet!
l'arme *f*	Waffe	Pourquoi a-t-il une arme?
armé	bewaffnet	Est-ce qu'il est armé?

Chapitre 5

l'incompréhension *f*	Unverständnis	L'incompréhension est insupportable.
la stupéfaction	Überraschung	Il a un sentiment de stupéfaction.
la fatigue	Müdigkeit	Il ressent de la fatigue.
l'angoisse *f*	Angst, Furcht	Comment faire disparaître l'angoisse?
évident,e	offensichtlich	Les faits sont évidents.
supporter	aushalten	Il ne supporte plus de rester à la maison.
quitter qc / qn	etw / jdn verlassen	Il quitte la maison tôt le matin.
rageur,se	wütend	Il roule rageusement.
la colère	Wut	Il est en colère.
la larme	Träne	Les larmes coulent sur son visage.
la vitesse	Geschwindigkeit	Il roule à une très grande vitesse.

le danger	Gefahr	Il se met en danger.
freiner	bremsen	En bas du pont, il freine.
la cabane	Hütte, Schuppen	Il aime la cabane de sa famille.
la plage	Strand	J'adore les vacances à la plage.
la réflexion	Überlegung, Gedanke	Je me perds dans toutes ces réflexions.
le bonheur	Glück	L'argent ne fait pas le bonheur. (*proverbe*)
la liberté	Freiheit	Près de la mer, il se sent en liberté.
se tromper	sich irren	Je me suis complètement trompé.

Chapitre 6

se lever	*hier:* beginnen, aufgehen	Le jour se lève. Le soleil se lève.
l'aube *f*	Sonnenaufgang	À l'aube, il est seul sur la plage.
le souvenir	Erinnerung	C'est un beau souvenir.
faire la morale à qn	jdm eine Moralpredigt halten	Il m'a fait la morale parce que j'avais volé.
honnête	ehrlich	Il faut toujours être honnête.
le mensonge	Lüge	C'est un mensonge!
la trahison	Verrat	Je suis triste à cause de cette trahison.
se confier	sich anvertrauen	Je peux me confier à ma grand-mère.
sans que + *subj*	ohne	Elle me comprend sans que j'explique les choses.
consoler	trösten	Elle m'a consolé.
(se) calmer	(sich) beruhigen	Je me suis calmé.
le chagrin	Kummer	Je ressens un grand chagrin.
se déshabiller	sich ausziehen	Je me suis déshabillé.
nager	schwimmen	J'ai nagé longtemps.

Chapitre 7

ressentir	fühlen	Je ne ressentais plus rien.
éprouver	verspüren, empfinden	Il éprouve une vive douleur.
la honte	Scham	La honte le fait rougir.
le dégoût	Ekel	Il éprouve du dégoût.
défendre	verteidigen	Sa mère défend son père.
décevoir qn	jdn enttäuschen	Je suis complètement déçu.
le/la complice	Komplize/ Komplizin	Elle est sa complice.
interroger	befragen	La police interroge son père.
fournir un alibi	ein Alibi liefern	Nico fourni un alibi à son père.
confirmer	bestätigen	Patricia confirme son alibi.
la déposition	(Zeugen)Aussage	Ils signent une déposition au commissariat.

Lösungen zu den Grammatikaufgaben

Chapitre 1: (Relativsätze):
1. qui, 2. que, 3. que, 4. qui

Chapitre 2: (indirekte Rede):
a) 1. vrai, 2. faux: une BMW grise, 3. vrai, 4. faux: une jambe blessée, 5. faux: de son père
b) 1. étaient, 2. poursuivait, 3.cherche, 4. est, 5. a réparé

Chapitre 2 (Passiv):
1. Pendant la fusillade, un policier a été tué par un bandit.
2. Un des trafiquants de drogue a été abattu par un policier.
3. Une passante a été renversée par le conducteur de la BMW.
4. Les malfaiteurs avaient été repérés par les flics.
5. Maintenant, toute la Charente-Maritime est quadrillée par la police.

Chapitre 3: (Konjugation im Präsens):
Nico **regarde** la voiture de son père qui n'**a** plus la même couleur. Juste à ce moment-là, son père **entre** dans le garage. Ils **se disputent** parce que son père **réagit** de façon agressive. Nico **remonte** dans sa chambre. Comme il **a** une bonne relation avec ses parents, il ne **comprend** pas la réaction de son père. Il **est** surpris quand son père **vient** s'excuser. Celui-ci lui **explique** qu'il **a** des ennuis avec ses collègues de travail. Pour ne pas penser au comportement bizarre de son père, Nico **joue** sur son PC. Mais il **continue** à se poser des questions sur son habitude d'inventer des histoires. Le soir, il **propose** à son père d'aller manger au resto. Mais son père ne **veut** pas car il n'**a** pas envie de sortir la voiture. Nico **doit** le persuader et ils **vont** manger des crêpes. En rentrant, ils **découvrent** que la maison a été fouillée.

Chapitre 4: (Relativsätze):
1. qui, 2. que, 3. que, 4. qui, 5. qui, 6. qu', 7. qui, 8. qui 9. qui, 10. qui

Biographie

Mikaël Ollivier est né le 22 mars 1968 à Versailles. Enfant, il n'aimait pas beaucoup lire. Mais à l'âge de 15 ans, il va voir les films d'Alfred Hitchcock en version originale dans son ciné-club favori et devient un cinéphile[1] passionné. C'est cette passion pour le cinéma qui le mène vers la littérature et l'amour de la lecture.

Après avoir passé son bac et obtenu un diplôme du conservatoire libre du cinéma français, il fait un stage dans une chaîne de télévision puis devient assistant de production et découvre le métier de scénariste.

Il a 25 ans quand il décide de quitter son travail à la télé pour réaliser son rêve: faire des films. Après avoir écrit sa première adaptation de roman, il commence à rédiger un livre, *La fièvre bâtisseuse*, qui ne sera publié que dix ans plus tard.

En 2000 paraît son premier roman pour la jeunesse *Papa est à la maison*. C'est en janvier 2007 qu'est publié *L'Alibi* dans le magazine *Je bouquine*. Il est ensuite édité en 2008 par les éditions Thierry Magnier.

Mikaël Ollivier se dit «raconteur d'histoires» car il écrit aussi bien des scénarios pour la télé et le cinéma que des romans pour les jeunes et les adultes.

[1] **le cinéphile** Kino-/Filmfan